爱车装饰与升级

史 冬 编著

重庆大学出版社

图书在版编目(CIP)数据

爱车装饰与升级/史冬编著.—重庆:重庆大学出版社,2008.1
(车主随心读丛书)
ISBN 978-7-5624-4332-2

Ⅰ.爱… Ⅱ.史… Ⅲ.①汽车—装饰—基本知识②汽车—改装—基本知识 Ⅳ.U472

中国版本图书馆 CIP 数据核字(2007)第 192269 号

车主随心读丛书

爱车装饰与升级

史 冬 编著

责任编辑:王维朗 曾令维 版式设计:程 晨
责任校对:秦巴达 责任印制:张 策

*

重庆大学出版社出版发行
出版人:张鸽盛
社址:重庆市沙坪坝正街 174 号重庆大学(A 区)内
邮编:400030
电话:(023) 65102378 65105781
传真:(023) 65103686 65105565
网址:http://www.cqup.com.cn
邮箱:fxk@cqup.com.cn(市场营销部)
全国新华书店经销
重庆三联商和包装印务有限公司印刷

*

开本:787×1092 1/32 印张:5 字数:92 千
2008 年 1 月第 1 版 2008 年 1 月第 1 次印刷
印数:1—5 000
ISBN 978-7-5624-4332-2 定价:25.00 元

前言

QIANYAN

现代社会，车不再高不可攀，它逐渐进入了寻常百姓家。车也不仅仅是一种交通工具，它代表了一种文化、一种生活方式、一种时尚。车轮上的生活是轻快而惬意的。但通向有车族幸福生活的道路却往往颇费周折。从选车、买车、用车、保养车、美容车、升级车到车辆保险，车主保健，汽车环保，准车主和车主们会遇到一连串闻所未闻的问题。万事求人费财费力，自己动手当然是好，但两眼一抹黑又如何入手？

别急！我们精心策划撰写的车主随心读丛书，就是替你解决这个问题。从购车到用车的一系列难题，都会在本套图文并茂的书中找到答案。书中没有晦涩的术语，没有繁琐的理论，讲的全是咱准车主、车主正面临的、迫切需要了解和解决的问题。简洁易懂、通俗明快的叙述让你一看就懂、一用就灵。

丛书集中了最新最实用的汽车知识和经验。内容涵盖汽车基础知识、选择、购买、置换、保险、使用、防骗、维护、美容、升级、车主保健、汽车环保、交通知识等各方面。在撰写丛书的过程中，得到了众多汽车行业的专家学者、经验丰富的车主的鼎力支持，亦参考了众多文献。编者在此向各位专家、朋友、文献作者表示最衷心的感谢。

编　者

2007年10月

目 录

第1章

装饰基本原则

第1节　新车美容装饰

1.新车美容要点

(1)车漆开蜡

汽车生产厂家为保护汽车的漆面在运输过程中不受损坏，在每一辆商品车上喷了一层运输保护蜡。车到经销商处后商家通常只将展示车的保护蜡清除掉，而客户买到的车需要自己在外面的汽车美容店或在买车处开蜡。需要注意的是，在开蜡的过程中最好不要使用煤油作为开蜡液，这样会对汽车油漆产生细微的伤害。专业汽车美容店都备有为新车除蜡使用的环保型开蜡水，对汽车油漆不会产生影响，所以车主在购买到新车后一定要在正规的汽车美容店进行开蜡工作。

图1.1　车主在购买到新车后一定要在规范的汽车美容店进行开蜡工作

(2)车漆的保护

新车开蜡后汽车的油漆就暴露在空气中，这样一来就开始受到诸如酸雨、阳光、氧化等侵蚀，如不及时进行保护，时间长了汽车漆面就会暗淡甚至损坏。所以新车在清除完运输蜡后就要进行一次上保护蜡的工作，保护蜡除保护车漆外还有光亮漆面的作用。车主们一般都知道给汽车打蜡，但对于怎样科学地打蜡却不一定都很清楚。车蜡通常分为两种，一为新车蜡，二为保护蜡。车主刚买到的新车应首先使用新车蜡，它有很强的抗腐蚀、抗氧化功能，使用一次可维持接近一年之久。在平时的洗车后则可以使用保护蜡，给汽车漆面进行持续的保护。打蜡过程一定要使用专业的打蜡机涂抹，这样才可以均匀深入地将车蜡分布到汽车油漆的每一部分。

(3)内饰的保护

汽车的内饰多为皮革、化纤和发泡PVC材料综合组成。新车的内饰在汽车的运输过程中会变得很脏，首先应该进行的是清洗工作，但清洗内饰不能像洗车一样用水冲，而应该用柔软的毛巾搭配专用的清洗液擦拭。擦拭干净以后要分别对内饰中不同的材料使用不同的保护剂，比如皮革和发泡PVC部分通常使用树脂型皮革上光保护剂，化纤部分则使用普通的内饰保护剂。在进行了首次的清洗保护之后，车主最好自己购买一些内饰的保护剂放在车上以备随时使用，这样不仅可以避免以后的汽车内饰美容过程中遇到伪劣产品，亲自动手还可节约不少支出。

(4)安装防盗系统

尽管许多新车已经自带了防盗设备，但一些必要的防盗设施还是需要的。现在市场上供应的防盗系统分为三大类：包括电控类、机械类和GPS系统。电控类的有：防盗器、中控锁、指纹锁、终极锁；机械类的有方向盘锁和排挡锁、轮胎锁等；近来一些利用手机信号或者GPS卫星定位的防盗系统也越来越多。由于价格便宜操作简单，现在使用电控类防盗器的车主较多。这类产品价格从100元到数百元不等。

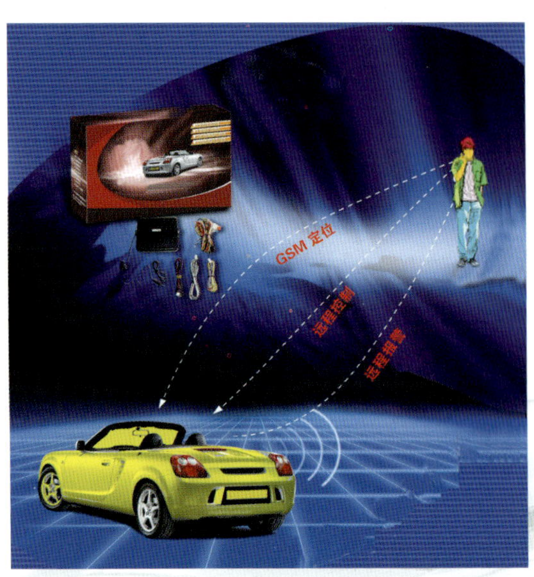

图1.2　GPS系统是目前最先进的汽车防盗系统

(5)去除异味

新车刚买来时，车内总会有很重的味道。据了解，“新车”味道的主要成分是车内材料散发出的有害化学气体，其来源通常有三个方面。一是源于新车本身。汽车是很多零部件组成的，若这些零部件中的有害气体和气味没有得到充分释放，会污染驾驶室很长时间。二是源于车内装饰。装饰材料中含有的有害气体包括苯、甲醛、丙酮和二甲苯等，可不同程度地造成车内空气污染。三是由于使用空调或车舱密封不好，使污染物进入车内造成污染，这些污染物通常为SO_2、NO_x、CO、CO_2和HC及挥发出的汽油等。

目前市面上有很多除味用的产品，但最重要的应该是保持车内的通风。新车买来的半年内或是装潢后的一段时期，应养成适度开窗行驶的习惯，保持车内新鲜空气的循环对流。其次才考虑包括木炭、水果、负离子或光触媒等除味方法。除味产品的品牌较多，目前价格从数十到上千元不等。

(6)机械部分的检查

这是购买新车最重要的一个环节，具体做法是：

①检查发动机、变速器、转向助力器、差速器的油面高度以及冷却液、制动液等是否符合规定要求。

②检查全车各部分是否有漏水、漏油、漏气及漏电现象。

③检查汽车各部分的紧固情况，特别是转向、制动、

传动等部分以及悬架部分的连接件。

④检查全车的电气系统是否工作正常。

⑤检查发动机在运行过程中是否有异响，运转是否平稳。

⑥检查制动系统工作是否正常，ABS在紧急刹车时是否起作用。

2.美容装饰误区

①洗车打蜡天天做。其实，洗车打蜡每月一次就可以了，过度进行反而会让车体亮度渐渐退去。如果一定要每周洗车，要选用去污力较中性的清洁剂与不含研磨剂成分的车蜡。

图1.3　汽车美容需要适度和科学进行

②车内设备随意加。私人轿车是车主移动的家，追求乘用舒适和豪华无可厚非，但一些车主自己动手在车内加装各种设备。这种改装，如果处理不妥当，对汽车性能及操纵的方便可靠性往往带来不利影响，留下后遗症或影响行车安全。

③烈日下洗车干得快。很多私车主喜欢在烈日下洗车，认为这样洗后很快就能将车身上的水晒干。实则错矣，在烈日下洗车，水滴所形成的凸透镜效果会使车漆的最上层产生局部高温现象。时间久了，车漆便会失去光泽。若是在此时打蜡，也容易造成车身色泽不均匀。所以，洗车打蜡最好是在有遮蔽的条件下进行。如果无法保证，则最好选在阴天，或是晴天的早晨、傍晚时分进行。

④圆圈方式打蜡最科学。很多人打蜡都习惯性地以圆圈方式进行，这是不正确的。正确的打蜡方式是以直线方式，横竖线交替进行，再按雨水流动的方向上最后一道。这样才能达到减少车漆表面产生同心圆状光环的效果。

⑤车蜡颜色随便用。黑色车有黑色专用车蜡，红色车有红色专用车蜡，白色车有白色专用车蜡，不可乱用。这些车蜡的主要区别是去污成分不同，有些还有增艳配方。特别是金属漆，更不能用错车蜡。

⑥等蜡完全干燥后再擦净。上蜡后要在蜡半干不干、尚未干燥白化时擦净。因此，上蜡的操作必须顺着车

体钣金一片一片地进行，切不可先将车体全部上好后，再一次擦掉，这会使漆面的色泽深浅不一，非常难看。

3.美容装饰防骗

消费者购买一辆新车后，花在美容装饰上的钱约占整个车价的5%；不仅如此，私家车每年还将投入占车价约1%的汽车用品消费。面对汽车美容装潢市场这块肥肉，越来越多的投资者一拥而上，从而加剧了市场恶性竞争，造成目前产品价格虚高、假冒伪劣泛滥等现象。

(1)同类产品差价数倍

有些车主朋友总是到超市里挑选空气清新剂作为车用，问其为何不到汽车用品专卖店去买，他们说，任何东西贴上“车用”标签后都会贵上几倍，其实效果根本

图1.4　汽车美容装饰市场良莠不齐，消费者要学会识别优劣

没什么区别。就拿空气清新剂来说，汽车用品专卖店里，少则五六十元，多则几百元，而在超市里十几元就可以买到。

不仅是香水，像座椅套、手机座、头枕等各种汽车用品，消费者只要多走几家店，就会发现价格差别很大。据一家车饰品店的老板透露，汽车装饰的利润率一般在40%~50%，个别利润可达200%。

(2)认清假冒伪劣产品

由于行业透明度不高，汽车用品市场长期以来一直比较混乱，主要表现在假冒伪劣产品大行其道。汽车用品非常多，从太阳膜、防盗器到地垫、座套等成百上千之多，消费者根本无法识别真伪。许多著名品牌的产品，已经被“李鬼”们冲击得难以生存。比如防爆膜，某知名品牌的生膜，一卷出厂价为8 000元，而假冒的只要1 000多元就能进到货。膜上印制的防伪图案，在福建、广东的一些地方，只需几十元钱就能搞定。这样的防爆膜，如果不是专家或采用精确的仪器检测，消费者根本无法用肉眼识别真伪，就连商家有时也难以把握货品质量。

(3)巧辨车用产品真伪

曾先生经常去逛汽车用品店，他最拿手的一招就是货比三家，他比的这“三家”不仅是本市的汽车用品店，还包括网络汽车用品销售店。在网络上，曾先生通常是通过一些比较正规的汽车用品销售网了解某些产品的指定代理商，了解后再选择汽车用品时就能大概分辨出正版货和冒牌货了。

货品正不正宗大概可从产品的印刷上分辨。例如一些韩国品牌的汽车用品，如果是正版，其印刷非常清晰，韩国文字即使笔画再多，也不会有挤在一堆的现象。

一般原装进口的知名品牌汽车用品在中国只有唯一一家总代理，该代理商通常会在所代理的产品上贴上印有代理商名称的不干胶或防伪标志。消费者在购买该品牌的汽车用品时，应掌握其代理商的名称并认准防伪标志。

(4)具体操作方法

当你买到心仪的爱车后，有三点关于装饰方面的建议提给你。

1)先装防盗

无论你是否打算给汽车做装饰，防盗装置都是必需的。防盗器在防盗状态下可以锁死引擎，即使是原车钥匙也无法将车发动。同时能连接四个车门的中控锁，开关车门十分方便。既有鸣笛警示功能，又能调整到静音防盗状态，防止扰民；排挡锁一定要安装以色列原装进口的，这种锁保用十年，可防电锯电钻的破坏。

2)贴膜不可大意

贴膜一定要在室内进行，选膜的时候尽量选择有保质卡的进口防爆膜。前、后风挡玻璃要整张粘贴，如果贴膜后出现沙点或死褶，厂家有责任撕下重贴。有规模的装饰店，在场地，防爆膜品牌、颜色、粘贴技术、售后服务方面都能满足以上要求。而到街边小店，粘贴质量甚至假膜的纠纷则较多。

3)看工作环境，要正规发票

正常的安装是以爱护顾客汽车为前提的，不管新车旧车，安装人员上车前一定要在车里铺好一次性的脚垫和座套。必要部位还要放上垫布才能开始干活。完工后，还应把汽车内外都清洗干净，才可交车。为保证安装质量和售后服务，除了要进正规店，还应索要正式发票、电脑单据及相应的保修卡。

图1.5　汽车装饰企业的环境和设备对服务质量有很大的影响

(5)汽车美容行业将明码标价

《汽车美容装饰业经营规范(征求意见稿)》已经出台，消费者强烈要求的明码标价、使用合格产品等在其中均有体现。

目前汽车美容行业有两个问题非常突出。一是汽车美容装饰用品销售商与厂家联手做局，把进口分装的产品当原装正品卖给消费者，有的干脆把使用国外配方在国内生产的产品也标上“原装进口”的字样，以赚取暴利；二是把专业人员用于施工的工业品分装后作为民品销售给车主。而工业用车蜡、养护液与民品在安全及环保指标上都有很大区别。车主在不知情的情况下购买和使用工业用品，不仅花冤枉钱，还有可能影响健康。

《汽车美容装饰业经营规范(征求意见稿)》首先对汽车美容行业的硬件条件进行了规定。要求洗车服务场地面积不小于80平方米，汽车用品店的经营场地面积不小于40平方米，并配备客户休息室。从业人员需具备由国家认可的发证部门核发的相应职业资格证书，持证上岗。征求意见稿也对汽车美容装饰业的服务进行了规范，除明码标价及使用合格产品外，还要求在提供服务前与顾客签订服务合同，合同上列明服务内容、所需工时及工时费、产品的价格、总金额以及双方约定的交车时间等。要求店家对所出售的商品负责，产品是原装进口、国内组装、国内分装还是国产，应在外包装上明确标示。

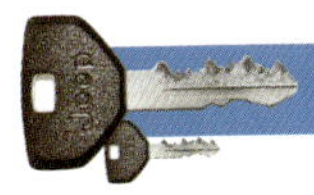

第2节　汽车升级改装

1.新手改装爱车

说到改装车，让人不自觉的联想到影片《头文字D》，片中那辆不起眼的AE86在秋名山上，把令人望而生畏的R32和代表高贵的FC3S轻松地甩在身后，汽车改装的魅力令人折服。

如果你是一个玩车新手，只想体现个性，不想花太多银子，也不忍心让爱车伤筋动骨，以下一些对外观的改装，可能最适合你。

图1.6　汽车改装可以体现个性，增添时尚感

(1)贴纸

贴纸几乎在各个汽车美容店都有出售，内容也是应有尽有。最常见的有“熊出没注意”，一头威猛的熊——提醒你，别离我太近；可爱的卡通图案——一看就是女性的爱驾或者是车主家小皇帝小公主的要求。

使用提示：贴一套普通贴纸一般在300元左右，根据贴纸的内容和材料不同，价格也有所不同。贴纸所用材料和黏接技术都很专业，一经贴牢，不易撕下。

(2)大包围

受赛车的影响，现在的汽车改装发烧友们逢改车必加装大包围。将外观改得夸张一些，看起来更特别、更有赛车风范，这也是时下的流行趋势。大包围材质分玻璃钢和碳纤维两种。加装大包围是用螺丝或者铆钉固定上的，对车身几乎没有任何损坏，而且随时可拆卸。

图1.7 最常见的汽车贴纸“熊出没注意”

使用提示：市面上常见的大包围根据材料和做工的不同从1 000元到4 000元不等。加装时最好不要拆卸保险杠，一般每种品牌车型都有量身定做的“大包围”，加装时不需要对车身作改动。

(3)尾翼

尾翼一般分单层和双层两种，有铝合金尾翼和碳纤维两种材料，而且分手动调校和液压自动调校。其中液压自动调校型多了液压立柱，可根据车速自动调整角度。加装尾翼花钱不多，但是能够有效改善行车稳定性，一般是许多车迷改装汽车必动的“手术”之一。不过在这里奉劝新手们，加装的尾翼要与车本身风格搭配，不然看起来会不伦不类。

使用提示：一般建议消费者选择手动调校型的，液压自动调校型的不仅价格较贵，而且不如手动型操作方便。

(4)氙气灯

如今氙气灯已经是许多新车的标配，但许多老车型或者经济车型上用的仍是卤素灯。所以想体验车灯超亮超酷的感觉，还需要花钱装一套氙气灯，将你的大灯系统升级。氙气灯不仅可以满足你汽车照明光源的亮度以及寿命的要求，同时节能和绿色环保也很符合目前社会的趋势，非常节能(只有35 W)，寿命是普通卤素灯的5~6倍。

使用提示：市面上加装一套很好的6 000 K氙气超白光系统的价格在4 000元左右。由于氙气灯太亮了，装到大灯上会对行人和车造成危险，所以改装需谨慎。

(5)外观改装推荐方案

铝合金尾翼+贴纸，费用控制在2 000元以下；氙气灯，3 000元左右，感觉挺不错。许多车主可能更倾向于花1 000~4 000元加装“大包围”，但其实这样改装除了看起来比较酷以外，并不能有效降低车身高度，对安全行驶并无太大帮助。所以，一般花不到1万元就可以对你的爱车进行初步改装了，效果却绝对可以让人眼前一亮。

2.防范改装陷阱

(1)陷阱1　以次充好

解密：大多数车主对汽车音响等改装配件不甚了解，业内以次充好的现象普遍存在。

例如，一套国产喇叭进价几十元，喊到几百元售价比比皆是。一些国产喇叭，贴上牌子就摇身一变成了进口的。

案例：丁先生去年年底在一家汽车美容装饰店对车内音响进行改装。最后以1 500元的价格拿下了老板热情推荐的一套音响。今年3月，丁先生发现朋友车上的音响牌子、型号跟自己的一模一样，价格才500元。愤愤不平的丁先生跑到汽车美容店要个说法，老板却以去年的

图1.8　汽车音响的喇叭价格、效果差别很大

进价高为由拒绝退还多收款项。

对策：货比三家、索要正规发票和产品合格证。

(2)陷阱2　操作不当

解密：在汽车改装过程中，一些操作工安装排线不规范，造成汽车电路、内饰件损坏，破坏行车电脑和车内电器，有时甚至导致安全气囊弹不出，或是电线短路起火。

案例：向先生的新车没有配备倒车雷达，于是他到一家价格相当诱人的美容店加装。在使用一段时间后发现，行车电脑不显示行驶信息。后来到4S店检查，原来是加装倒车雷达时操作不规范致使线路发生短路。

对策：不要贪图价格便宜，找正规车行，切勿找路边店。

(3)陷阱3　高价打蜡

解密：正规汽车装饰美容的利润一般在10%~15%，而一些街边小店的利润能达到100%以上。消费者多为刚刚购置第一辆车的私家车主，往往经验不足，常常落入消费陷阱。

案例：杨小姐在一家洗车场洗车时顺便做了一次打蜡美容。店主声称美容蜡是进口产品，要价200元。杨小姐看到密密麻麻的英文字母，自己也搞不懂，就认了。后来在城南一高档会员洗车场打蜡，标价最高的进口产品也仅130元。

对策：现在一般都有会员制的美容洗车场，在这些地方做汽车美容质量比较有保证。

第2章 汽车外部的装饰与升级

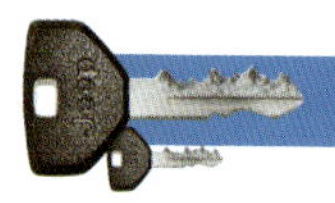

第1节 汽车外观维护

1.汽车车漆保养

新车到手，最容易损坏的就是油漆了。洗车不小心，油漆都会受伤。实际上，即使在生产线上装东西的时候，也可能有损坏油漆的情况发生。

一般小的擦伤，油漆表面有伤痕，伤痕泛白。那是油漆表面被刮毛了，没有什么必要补漆。轻微的，用沙蜡打打或者多打几次蜡。严重的，做个抛光也就可以了。更严重一点的，能看到下层底漆的颜色了(许多时候，底漆是深颜色的)。那么，请再看一下伤痕的部位。一般来说，保险杠、后视镜和有些车的轮眉这些部位是工程塑料的，不会生锈。除了难看倒也没有大的问题，补不补漆倒也无所谓。其他的，那就要补漆了。否则，哪怕是一个很小的破损，钢板也会开始生锈。到那时候，即使补漆也很难防锈了。

(1)补漆

首先，所有的地方，甚至包括在原厂，车装好以后，补漆都不会用什么“原厂漆”。如果修理厂告诉你他们使用的是“原厂漆”，那一定是在骗你。原因很简单：喷好漆以后，用200度的高温烘烤。而成品车上那么多部件，

图2.1 现在电脑配色，配出的漆和原漆的色差是普通人的眼睛分辨不出的

有多少能耐200度的高温呢？补漆都用专门的修补漆。修补漆的烘烤温度比较低，只有七八十度。

其次，修补漆的颜色都是修补前调配出来的。原因也很简单：你的车可能开了几年了，油漆已经开始褪色了，虽然你看不出来。如果你停在室外，不同的方向上褪色的程度都会略有不同。要想尽可能和原来颜色匹配，只能现调。还有，为了尽可能不出现色差，哪怕你只是不大的一块需要补漆，厂里也会把整个一块全部重新喷。比如说，车门上有一块地方需要补。那么，以防擦条为界，上半扇或者下半扇全喷。这样，如果有很小的一点点色差也就不容易看出来。

还有，买车的时候如果为了漂亮，买的是珠光漆，补漆的时候，后补的漆云母粒的方向性很难和原来一样。油漆哪怕一点色差没有，补上的漆也能一眼看出来。

现在电脑配色配出的漆和原漆的色差普通人的眼睛是分辨不出的。这点尽可以放心。关键是：用的漆、用的设备和人的责任心。

没有用原厂漆补漆的可能。但一般情况下，车厂还是会向专门维修站推荐指定的修补漆品牌。好的维修站也会用好的牌子，比如ici，立邦。但是，小店里，甚至一些不怎么正规的专门维修站，都有可能出于降低成本考虑而使用便宜的漆。当时效果可能一样，3个月以后，色差就来了。这方面，用户几乎无法鉴别，只有认准放心的修理厂了。

虽然修补漆烘烤温度比较低，但不等于不需要烘烤或者可以用别的什么方法替代。如果你发现修理厂没有专门的烘漆房，而是用“小太阳”灯加热，趁早换地方。

还有，正规汽车车厂生产线上，喷漆都是在无尘车间进行的。虽然许多纯国产车未必这么干，但不等于这不需要。如果你看见修车厂很脏，灰很大。建议还是换地方吧。否则，即使当时效果还行。过段时间，就有可能漆面起泡、脱壳。

(2)漆面保养

首先，别像有些公交车司机那样用一桶水就洗车。那样与拿张沙皮磨车漆只有程度上的区别。如果下过雨或者灰比较厚，也就别用蜡拖或者布掸灰了。干脆洗车吧。

图2.2　许多新车都在油漆外层喷了一层清漆。漆面光亮，也能保护漆面

洗车时，用大量的水冲洗无疑是十分必要的。但很多时候，洗车人喜欢用高压水枪垂直方向冲洗车漆。这种情况下，高压水一样可能对油漆造成损坏。还有，洗车的地方如果用洗衣粉冒充专用洗车液也很不好。

这些损伤虽然一两次看不出来。但天长日久，危害不可忽视。

另外，鉴于现在新车往往卖得很快。你拿到手的车可能刚刚从车厂里出来没几天。而烘漆有个特点：一般要滞后一段时间才真正牢固、坚硬。所以，新车别急着打蜡，三个月以后再说。三个月以后也尽量别用硬蜡。补过漆，一个星期之内别洗车。

还有，现在许多新车都在油漆外层喷了一层清漆。这样，漆面光亮、好看，也能保护漆面。这种车，你可千万别去封什么釉，或者新车去做什么漆面抛光。那样，你就是花钱把你的车漆降低到普桑和捷达的水平了。

2.汽车外观维护

1)注意及时清洗车辆

保持汽车的干净，仅靠擦一擦灰尘是不够的，要注意经常和及时地清洗车辆。最好使用汽车专用清洗剂和碱性小的肥皂，不能用去污粉和洗衣粉等碱性高的洗涤用品。否则在洗掉灰尘同时会加速油漆表面老化，使车辆失去光泽。

2)注意定期上光

汽车行驶一段时间，应进行表面磨光和上蜡处理。国外对汽车上蜡很讲究，有许多专用的工具和材料。上蜡前通常使用的清洗剂有两种：一种是磨料型，可擦掉表面漆氧化层；另一种是化学清洗剂，可溶解沉积的油污以便擦除。使用时，先把车体清洗干净，涂上擦洗膏或清洗剂，用毛巾擦洗。在打蜡时，最好使用专用工具。如没有专用工具，可用软布代替，同时应避免在阳光直射下打蜡。

3)注意雨后及时擦车

城市空气污染，车辆被雨淋湿后，如不及时将雨水擦掉，若再被强烈阳光照射，很易出现斑点，使表面光泽下降。所以，应及时将雨水擦净。

4)注意塑料件的清洁方法

现代汽车外观使用塑料件的很多。对上了油漆的塑料件，更要使用上好的清洗剂；上蜡时不能过重，防止穿透油漆露出底色。

5)注意镀光金属件的保养

对镀光金属件,清洗时应使用炭精清洁剂,不能使用硬质器具刮除脏物。镀光件也应定期上蜡,以保护镀层不被氧化。

6)注意防锈

汽车油漆和电镀的部件一般都具有良好的防锈能力。而车体上的焊点、接缝以及受过擦伤的部位则容易生锈。因此,车辆在使用一段时间后,应该进行必要的防锈处理。

第2节 汽车主要外部装饰

1.大包围

大包围学名空气扰流部件,它对于车辆的性能和改善有以下作用:减小汽车车身的重量;减小汽车行驶时产生的逆向气流,同时增加汽车的下压力,使汽车行驶时更加平稳,从而减少油耗;外观上突出汽车的个性化。

(1)大包围的主要类型

1)唇款

此类产品是在原来的保险杠上加上半截下唇,此款包围质量与安装技术要求极高。因为包围与保险杠的密

图2.3　最好选用不需要拆掉原车保险杠就能安装的大包围

合度不能超过1.5毫米，否则不但会影响外观，而且在高速行驶时还会有脱落的危险。因此，加此类包围最好到专业的改装店去做。

2)保险杠款

此类产品是原来的前后杠整个拆下，然后再装上另一款保险杠。此类的包围安装较为容易，可以大幅度地改变外观，更具个性化。

(2)装大包围要精选材料

国内现在比较流行的大包围套件的主要材料有以下四种：

1)ABS塑料

此类的产品因为是以真空吸塑成形，厚度较薄、强度较差。所以此类材料不能作保险杠款的包围，只能制作唇款的包围。

2)PU塑料

此类产品因为是在低温下注塑形成的，所以有极高的柔韧性与强度，与车身的密合度较高，寿命也较长。但此类产品造价极高，一般消费者难以承受。

3)玻璃纤维材料

此类产品价格较便宜，但韧性极差。由于这种材料制作的时候收缩性较大，所以制造出的包围表面很容易起波浪，经过一段时间的日晒后甚至可能出现裂缝。

4)ADP合成树脂材料

此类材料收缩性较小，韧性较好，耐热不变形，所以制作出的产品表面光滑，同时抗扭力较强，密合度较高，但价格相对也较高。

(3)加装大包围不能损害安全性

加装大包围的车主应注意以下事项：

①应选用高质量的产品。大包围安装在车上，也就与车成为一个整体，日常的磕碰在所难免。如果包围材质脆弱，刚性过大，就很容易碎裂，那样不仅增加更换成本，也平添了不少麻烦。

②最好不要选用需要拆掉原车保险杠才能安装的大包围。因为包围所用的材料抗撞击能力较差，所以，选用将原杠包裹其中的大包围不会影响车辆的牢固性。如果一定要选用拆杠包围，可将原杠中的缓冲区移植到玻璃钢包围中，以起到保护作用。

③加装大包围应该到有经验的改装店去。因为这些改装店有制作各种包围能力，大都会免费为车主修复不

慎碰坏的包围，令车主不必为包围的一点小损伤就得花钱去换一个新的。

2.汽车尾翼

现在市场上尾翼的种类较多，价格在200~1 500元，常见的尾翼有以下三种：

(1)玻璃钢尾翼

这类尾翼造型多样，有鸭舌状的、机翼状的，也有直板式的，比较好做造型，不过玻璃钢材质比较脆，韧性和刚性都较差，价格比较便宜。

(2)铝合金尾翼

这类尾翼导流和散热效果不错，而且价格适中，不过重量要比其他材质的尾翼稍重些。

图2.4　尾翼的作用是高速行驶时为车辆提供必要的稳定性

(3)碳纤维尾翼

碳纤维尾翼刚性和耐久性都非常好，不仅重量轻，而且也是最美观的一种尾翼，现在广泛被F1赛车采用，不过价格比较昂贵。

安装尾翼除了美观外，更重要的作用是高速行驶时可以为车辆提供必要的稳定性。尤其对大功率的车来说，在高速过弯或通过复杂路段时，尾翼可以起到一定的平衡作用。

但安装尾翼也有缺点，即在城市路况行驶会增加油耗。我们知道，汽车表面的凸出物越少，线条越流畅，风阻就越小。增加的尾翼毫无疑问会增大风阻。由于大多数轿车以城市道路行驶为主，车辆根本达不到尾翼能够发挥作用的时速。这样体积越大，低速阻力就越大，再加上车身整体重量的增加，也势必会导致油耗的上升。

3.镀膜和封釉

镀膜是集打蜡及封釉优点于一身的新车漆养护产品，它与封釉有些不同。“釉”与蜡是从石油中提炼，加上一些辅助原料制成，容易氧化。而镀膜用的保护膜采用植物及硅等环保又稳定的原料来提炼合成，可长期起到保护车漆的作用。

封釉与打蜡的养护理念是将釉或蜡加压封入车漆的空隙中，与车漆结合到一起。优点是与车漆融为一体，增亮效果明显。不过因为它们本身的易氧化性，所以会

图2.5　镀膜是集打蜡及封釉优点于一身的新车漆养护产品

连带周围的漆面共同氧化，导致漆面发污，失去光泽。而保护膜是覆盖在车漆表面，以透明膜的形式附着在漆面，避免漆面受外界损伤。同时也避免了保护剂本身对车漆的影响，长期保持车漆的原厂色泽。而且由于膜本身结构的紧密，很难破坏，使得它可以大幅度降低外力对漆面的损伤。

原料及理念的差异，必然造成工艺上的区别：釉和蜡因为要与漆面充分结合，所以要用研磨机把药剂加压封入漆面，所以称封釉。而这种压力同时作用在漆面上，经常会造成漆面损伤。保护膜采用了温和的涂抹及擦拭的附着方式：靠膜本身的分子结合力附着在漆面上，从而避免了损伤车漆。从封釉、打蜡和镀膜的原料、养护理念和工艺上的区别可以看得出，镀膜是保护车漆的比较好的方法。相对来说，镀膜的费用要高很多。

4.车身彩贴

除了汽车内部千奇百怪的装饰，汽车贴纸已成为最简单、最醒目、最流行的车身扮酷方法。

虽然市场上有着各色花形、图案多样的车贴可供车主选择，但现成的车贴往往会遇到重复图案，或者车主想要的图案却找不到，这样就很难体现车主的个性要求。目前有两种方法可以解决这样的难题。

①可以到专业的车贴店定做，可由店家先设计好方案，再由用户选择。笔者在某车贴会所看到，车主们都是根据自己的构想，由设计人员设计出独特的车贴图案。车贴店的设计更为专业，车贴也比较出效果。据该车贴

图2.6　汽车贴纸的材料主要以PVC户外专用胶贴纸为主

会所的负责人介绍，现在很多追求个性与时尚的车主，选择到车贴店里定做自己别样风格的车贴。

②另外一种办法就是自己DIY。那些动手能力比较强、善于平面设计、会玩Photoshop和CorelDraw的朋友，可以自己在电脑上设计好图案，然后送到做广告装潢的店制作，不过，如果量少的话往往找不到制作的店，而且费用也不低。

③汽车贴纸的材料主要以适应户外条件的PVC户外专用胶贴纸为主，材质和色彩虽然没有服装的面料那么丰富，但也有荧光、亚光、金属反光、金属拉丝等多种选择。汽车贴纸全车上下无所不至，车身两侧、引擎盖、灯眉、裙边、轮毂上，只要在现行法规允许的范围内进行合理的创作就行，完全可以尽情演绎车主的个性爱好。

5.汽车防锈

(1)汽车生锈的原因

1)有害物质的侵蚀

道路上产生的盐碱、含化学物质的灰尘，均可加速汽车生锈，特别是受到盐碱、灰尘和水汽的污染侵蚀，会使车身部分锈蚀。在沿海一带，空气中含有盐分、工业污染所形成的酸雨等有害化学物质也会加重对汽车的腐蚀。而在北方高寒地区，为了使道路不易结冰，通常都会在道路上喷洒盐水，也会对汽车的车体等造成锈蚀。

2)机械损伤后的锈蚀

汽车受到意外或石块碰撞而划伤表面油漆保护层，也会导致锈蚀。

3)环境因素造成的锈蚀

湿度高的地区，汽车更容易生锈，特别是在温度刚高于冰点温度时生锈的倾向更为严重。在潮湿的地区，应尽量保持汽车干燥，避免车身局部生锈、锈蚀。如果通风不良，用高温使汽车干燥，也容易使汽车车身局部生锈、锈蚀。

(2)防锈处理方法

防锈分为两个主要部分：车体防锈（包括裙边，四轮挡泥板，车门内腔，行李厢，引擎盖及前罩板）和底盘防锈（底盘，底盘骨架）。

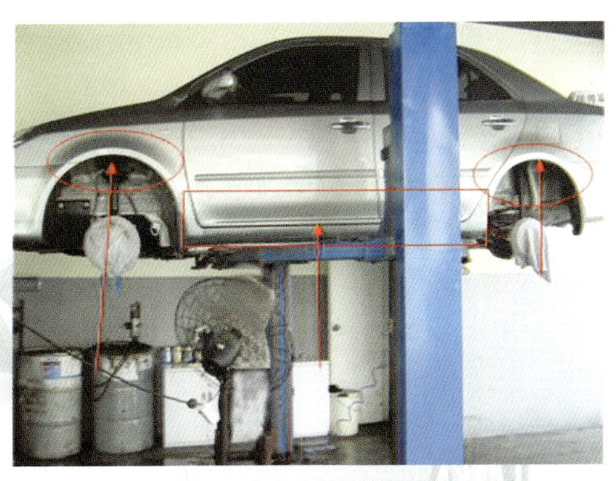

图2.7 防锈主要分为车体防锈和底盘防锈

防锈的处理方法目前主要有两种:

1)传统的在金属表面喷涂复合涂剂

这种方式目前使用得最广,许多专业汽车防锈公司都是使用的这种方式。而其所用防锈材料主要有两种,一种是以橡胶、蜡、矿物油及有色金属等为基础的复合涂剂,能有效控制金属表面锈斑的生成。它的优点是富有弹性,可缓冲碎石的撞击,隔音、隔热,黏结力强,抗氧化时间长,主要使用于底盘、裙边等部位。由于材料特性及行车安全原因,一般在隔热护罩、排气管、油管、刹车系统、万向节及散热箱等部位不得喷涂;另一种材料是半透明的以蜡为基础的复合膜,具有活化作用,能在金属表面形成一层化学胶。作为金属表面薄膜,以阻隔水分的接触,专门用于汽车挡风玻璃框、引擎盖、底盘骨架、前罩板、所有车门内腔及行李箱等。

第一种底盘复合涂剂由于稠度较大,需采用专用的高压喷涂设备进行直接喷涂,其工作压力高达2 900 PSI/cm^2。有一点是需要主意的,一些防锈中心因无法购置到该设备,采用天那水等化学品稀释后进行低压喷涂,车身沾上被稀释的复合涂剂后漆面发黄,暗淡无光,对车身漆的害处可想而知。消费者区分的方法其实很简单,看该防锈中心所采用的防锈材料是否摇得响,以及施工时是否将容易沾上复合涂料的地方粘上报纸等物,如二者皆有的话十有八九是使用天那水等化学品稀释,那这样的防锈不做也罢。

目前市面上此类防锈的产品主要为美国3M“底盘防护装甲”系列与特力高系列。特力高为最早进入我国的防锈涂料品种之一，且价格便宜，在微型小型车防锈处理中占有一定的市场份额。3M底盘防护装甲系列产品为美国著名品牌，质量稳定，附着、防护能力强大，维持时间较长，但档次及价格较高，较适应于中高级轿车使用。

2)采用电化学的方式

这种方式目前还比较少见，有一种电子防锈的产品，是利用汽车的电池供电，通过微处理系统，输出负电荷直接补充到金属中，平衡金属的原子结构，从而达到抗氧化防锈和抗金属疲劳的目的。其最大的特点是全车防锈，无防锈死角，让金属保持原有的硬度和抗折度，并令金属与油漆增强附着力，使油漆不易脱落，保持汽车的外观美，一次安装，免除了经常维修保养的烦恼。

(3)日常保养防锈

在平时的使用保养中也有几点需要做到的：

①勤洗车。经常清洗汽车，就可以保持汽车的洁净，防止生锈或腐蚀。

冬季在含有盐碱的道路上行驶，或靠近海边行驶时，最低限度应保证每月将汽车清洗一次，以减少生锈的机会。

清洗汽车外表时，最好使用高压水或热水。对于黏附在车体上的斑点，应清洗干净。因为这些斑点所积存

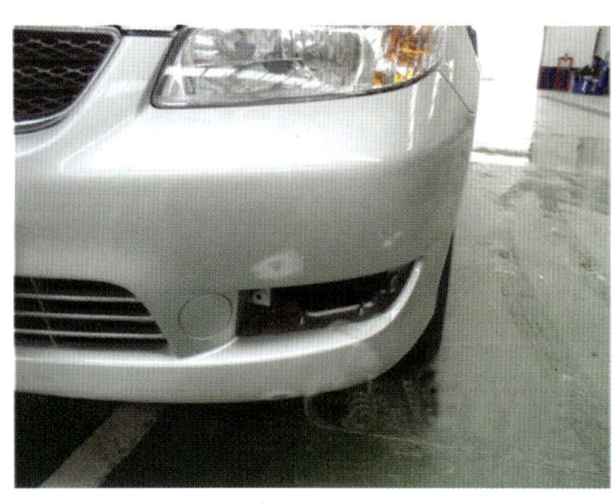

图2.8　如果发现车体油漆层有裂纹等痕迹，应立即用快干油漆修补

的泥土或灰尘若不清除，很容易造成锈蚀。清洗时要疏通汽车各部的排水孔，因为积水会导致车体锈蚀。

每年的冬季过后，最好对汽车进行一次彻底地清洗。

②及时修补车身损坏的漆面。如果发现车体油漆层有裂纹等痕迹，应立即用快干油漆修补，以防由此开始生锈。如果已锈蚀到金属部分，应到修理厂补漆。

③清除车内潮湿处。在轿车车厢的地毯下，会有积水、水汽和灰尘，容易导致生锈，因此应经常检查地毯的下层是否保持干燥。

④安装挡泥板。如果长期在盐碱或碎石路面行驶，应给汽车加装挡泥板，这样可以有效地保持汽车的清洁。挡泥板尺寸越大（即越接近地面），则效果越好。

⑤避免将汽车停在潮湿而密不透风的车库里。如果在车库里洗车，或通过潮湿或积雪的路面后，车库也会被弄得潮湿，以致造成汽车生锈。即使车库很干燥，若通风不好，而汽车潮湿，也会因此而生锈。

6.选装太阳膜

(1)太阳膜的功用

汽车太阳膜进入我国汽车美容市场以来受到广大车主的喜欢，其原因来自于汽车太阳膜卓越的性能。

1)隔热降温

防爆膜可以减少光线照射程度，起到隔热效果；有效降低汽车空调的使用，节省燃油。

图2.9　汽车太阳膜具有隔热降温、防爆裂、抗紫外线、单向透视等功能

2)防爆裂

防爆膜能有效地防止玻璃因外界的碰撞而破碎扎伤人，将玻璃紧紧地贴在一起，不会向四周飞溅。

3)抗紫外线

紫外线辐射具有杀菌作用，但对人的皮肤也有损伤，长期受紫外线照射易诱发皮肤疾病。减少紫外线照射也同时可以减缓内饰老化。

4)单向透视

防爆膜的单向透视可以遮挡来自车外的视线，增强私密性。

(2)普通太阳膜和防爆太阳膜的区别

1)颜色

①防爆膜　采用金属喷射工艺，将银、钛、铝等高级金属涂于高张力的天然膜上，不会掉色、褪色。颜色多样，再加自然柔和的金属光泽，可搭配多种颜色、款式的车。

②普通膜　将颜色直接融入在胶膜中。用力刮粘贴面，会有颜色脱落。它的颜色经过太阳光照射一二年后将会变浅。

2)透光性

①防爆膜　透光性好，雨天、夜间开车不会影响视线。

②普通膜　由于它采用染色工艺，靠颜色隔热，颜色深，从车里看总有雾朦胧的感觉，视线不是特别好，特

别是晚上。

3)隔热、隔紫外线

①防爆膜　防爆膜一般隔热率在30%~85%，比普通膜高4~5倍；隔紫外线70%~99%，能有效防止汽车内饰、物品因长期被阳光照射而老化，防止皮肤被紫外线晒伤。

②普通膜　隔热率一般，隔紫外线照射几乎为零。

4)抗爆性

①抗爆膜　能有效地防止因碰撞而破碎的玻璃碎片扎伤人，它能将玻璃紧紧地包在一起，不会向四周飞溅。

②普通膜　无此功能。

(3)选装太阳膜注意事项

在选购时，几个与隔热膜质量密切相关的性能指标是不应忽视的。

图2.10　选装太阳膜时应注意膜的透光度和清晰性、隔热率、防爆性能

1)膜的透光度和清晰性

这是车用膜中关乎行车安全最重要的性能。过去大量使用的太阳纸(俗称茶色纸),大多是颜色很深的,透光度很低,一般在20%以下,甚至更低。贴上膜后整个窗黑呼呼的一片,必须在侧窗膜上留一个孔来看倒后镜。在阳光很强时两侧窗还大致能看到外面的景物,一到光线较暗的阴雨天或夜晚,两侧窗则变成一片盲区,什么也看不见了,这对行车安全是相当不利的。

因此,制造商建议用户一般不要选择透光度太低的膜。优质膜其透光度可高达90%(完全透明),而且不论颜色深浅,清晰度都是非常高的,不会有雾蒙蒙的现象。车窗膜尤其是前排两侧窗的膜,应选择透光度在35%以上较为适宜,此时侧窗膜无需挖孔也不影响视线。夜间行车时能把后面来车大灯照射在倒后镜的强烈眩光反射减弱,使眼睛非常舒服。特别在雨夜行车、倒车、调头时照样视线良好,一目了然,提高了行车的安全性和舒适性。

2)隔热率

隔热率是体现隔热性能的重要指标。

防爆膜隔热率一般在50%以上(更高的可达70%以上)。高透光、高隔热,可提高舒适性,大幅降低空调负荷,节省燃油是其一大特点。很多人可能都有这样的体会,在夏日里即使用了太阳纸或窗帘,车在阳光下露天停放一阵子,车内就会酷热,有时热得像蒸笼似的。这就是因为太阳纸和窗帘的隔热性能差，颜色太深的太阳纸或窗帘以及车身金属板，把大量的太阳辐射热量吸收后，在车内积聚不散。深颜色的车就尤其明显。

而防爆膜由于对红外辐射有很高的反射率，大量的热量被反射掉，所以车内温度自然就低得多，照进车内的阳光也不会令人有烧灼感。但市场上很多膜仅有透光度，而没有隔热率，甚至有些干脆什么指标都没有，这时你就要小心了。选购时除了要了解其规范的隔热率等指标外，还可以用直观的方法来判断，就是用贴了膜的玻璃挡住太阳或在碘钨灯下照射，用脸或手去感觉一下其隔热效果。

3)防爆性能

这也是涉及安全的又一重要性能。一般太阳纸或劣质防爆膜的材质与真正的防爆膜不同，其膜片很薄、手感发软，缺乏足够的韧性，不耐紫外线照射，易老化发脆，当遇意外碰撞或外物打击时，膜片很易断裂，不能把玻璃粘牢在一起。

而好的防爆膜是由特殊聚酯膜作基材，膜本身有很强的韧性，并配合特殊的压力敏感胶，当玻璃遇到意外碰撞时，玻璃破裂后被膜粘牢不会飞溅伤人。当使用超强防爆膜时，如果遇歹徒用棍棒打击车窗抢车或偷窃车内物品时，它能提高玻璃抗打击的强度，使玻璃不易被击碎。万一玻璃被击碎也会被膜牢牢粘住，不会飞溅伤人，并可阻滞歹徒的破坏，减少人、物的伤害和损失。特

殊的防弹膜也可用于运钞车的防弹玻璃和防暴警车上。

4)紫外线阻隔率

高质量的膜，这个指标一般不低于98%，高的可达99%。高紫外线阻隔率能有效防止乘员被过量的紫外线照射，灼伤皮肤，还能保护车内音响等装饰不会被晒坏，减缓其褪色老化。而劣质膜很多没有这一指标，或者远远低于98%的标准。

5)颜色

防爆膜通常是采用本体渗染和溅射金属着色的方法令膜着色。纯溅射金属使膜有金属色的称为自然色。采用这两种方法着色的膜是不易褪色的，尤其是自然色的膜。但市场上很多低档劣质膜，大多采用粘胶着色法来着色。那就是在粘胶中加入颜料，然后涂在无色透明膜上使膜有颜色。这种膜不耐晒很易褪色，严重的会褪成无色透明。区分这些不同着色方法的膜，只需在膜上用牙嗑几下，如被嗑之处的膜露出透明白点，说明有色的粘胶已移位，是粘胶着色的。而本体渗染和溅射着色的则不会出现这种现象。

由于太阳纸的膜上无反射层，因而要加深颜色来防眩光，但太阳的热辐射照样大量穿透膜而进入车内，令温度升高。因此，颜色浅又能很隔热便是优质防爆膜的一个特点。通常用较浅的绿色、天蓝色、灰色、棕色、自然色等颜色使眼睛较舒服。如用太深、太艳的颜色，使整个环境的颜色变化太大，反而令人不舒服。另外可根据车身颜色和个人的喜好来配色，令你的车窗与车身颜色更协调。

6)膜面防划伤层

优质高档的膜表面都有一层防划伤层，在正常使用下能保护膜面不易划伤。而低档产品就无此保护层，在贴膜时就会被工具刮出一道道划痕，令膜面不清晰。

7)看保质期长短

一般正规厂家生产的膜都有较长的质量保证期，通常是5~8年。在保质期内，厂家保证产品在正常使用下不褪色、膜层不脱胶。经生产厂家授权的贴膜店还会向用户提供三联式的质量保证卡。而很多杂牌既无明确的保质期，更无质量保证卡。著名品牌的制造商，都有一整套的质量保证体系，产品出厂前都经过严格的检验测试，所提供的指标数据是准确可信的。购买贴膜，选择著名品牌的膜就有可靠的质量保证。

(4)如何辨识劣质膜

目前国内汽车膜市场鱼龙混杂，假冒伪劣现象严重，缺少统一的市场整合与规范。一些不法商贩利用消费者对太阳膜知识欠缺的弱点大行骗术，消费者一不小心就会掉进商家精心设置的“陷阱”。一般来说，劣质膜可以根据以下一些方法来鉴别。

1)手摸

优质膜摸上去有厚实平滑感，劣质膜则很软很薄，缺乏足够的韧性，而且易起皱。

图2.11　目前国内汽车膜市场假冒伪劣现象严重，消费者应加强鉴别

2)鼻闻

劣质膜胶层残留溶剂中苯含量高，有异味，会严重危害车主的健康。

3)眼看

看透视性、清晰度，优质防爆膜的清晰度可高达90%以上。而且无论颜色深浅，透视性能均良好，在夜间、雨天行车也能保持良好视线。而劣质膜采用的是普通染色工艺，靠颜色隔热，所以颜色深，从车里向外看总有雾蒙蒙的感觉。

4)用酒精、汽油擦

因为劣质膜是胶染色膜，所以去除膜的保护层后擦拭胶层，即可见褪色现象。还可以揭开车膜背面的透明层，用硬物划一下，劣质膜的掉色较严重。

5)参考生产厂商提供的技术参数

可见光透过率、可见光反射率、热散失率、紫外线阻隔率是生产厂商常用反映膜的性能的专业名词。这三个指标的通俗含义分别是透明度、反光度、隔热性。三者的关系通常是越透明的膜，隔热性会越差；越反光的膜，隔热性越好。透光度高、反光度低且隔热又好的膜是膜中精品，价格较高。

6)测试隔热效果

使用大功率的白炽灯等模拟太阳光源，测试膜的阻挡热量的能力。优质防爆膜隔热率应达到80%左右，劣质膜隔热率低，坐在车里会有很闷的感觉。同时，它隔紫外线效果很差，起不到保护车内物品及乘车人员的作用。

7)看是否可防划伤

防划伤是汽车膜的一个基本性能，优质膜在正常升降车窗时，膜的表面不会被划伤，而劣质汽车膜在这方面则有明显的缺陷。

(5)如何选择贴膜店

①要找一家有封闭车间的公司，因为贴膜最怕灰尘和沙砾，街头作业很难达到上述条件。

②选择好品牌的车膜以及有实力的店家可以降低贴膜风险，避免买到劣质膜或假货。向店家询问和观察膜的背面是否有防伪标志，正规品牌的防爆膜背面一般都印有防伪标志。如有可能向店家索要一块边角料，揭开背膜露出胶层，然后在地上摩擦，如出现掉色和划痕即是假货。

③要求店家贴前、后挡风玻璃要整张贴，否则会失去防爆性，而且也影响美观。

④全车贴膜后要坐在车内观察颜色是否均匀，是否有气泡，尘粒是否过多，并应在各个角度向外看都不会影响视线。

⑤亲自对比感受。一般的汽车装饰店中都备有一面装有玻璃、内有红外光源的箱子，然后在玻璃面上贴膜，做一个模拟的阳光照射车厢环境。优质的车膜能够明显地阻挡热辐射，在箱子的外面通过手的感觉即可判断。

⑥好的膜一般都能正常使用5~8年。一些品牌的膜有贴膜质保卡，记得向商家索取；而没有质保卡的膜也一定要保留好各种单据或发票，以便有问题时找商家“理论”。

(6)防爆太阳膜认识的误区

1)膜的颜色越深隔热效果越好

目前优质的车膜都是高分子复合材料构成，其透光率和隔热率同色的深浅不成正比关系。好膜的单向透光率和隔热率参数都很高，看起来颜色很浅，效果却很好。一些劣质的染色膜为了掩盖其较差的隔热效果通常做得颜色很深，对行车安全造成隐患，也会影响车的美观。

2)贴膜对玻璃有损伤，甚至可能使玻璃碎裂

一些劣质膜或不规范的贴膜操作的确有可能造成不好的后果，但如果车主细心选膜、选店，则完全可以避

免。其实，目前很多高品质的车膜都具有很强的防爆性能，不但不会影响玻璃的强度，反而会减少玻璃破碎伤人的可能。

3)膜的质量很重要，在哪家店粘贴无所谓

很多车主知道选择一些有名气的好膜，然而对在哪家店贴却无所谓。有的为了省钱，甚至选择了一些路边小店。其实贴膜的技术及软硬条件都要求很高。比如无尘的环境、专用的设备、规范的操作流程以及熟练的技术等等。选择一些不可靠的小店或“黑店”，不但会造成贴膜质量达不到要求，还可能对车体及玻璃有危害，得不偿失。

7.隔音工程

(1)汽车的噪声来源

1) 引擎噪声

引擎噪声是在发动机正常运转时产生的，当车内密封环境不好时，很自然地传入车内。

2) 轮胎噪声

轮胎的材质偏硬，行驶时特别是通过坑洼的路面时，与地面摩擦产生噪声，并与挡泥板、叶子板等部件的震动形成共鸣，放大传入车内。

3) 风噪

汽车在行驶过程中，车身与气流相撞而产生。

4) 机械老化

由于机械本身发生老化松旷，在运转时会发出很大

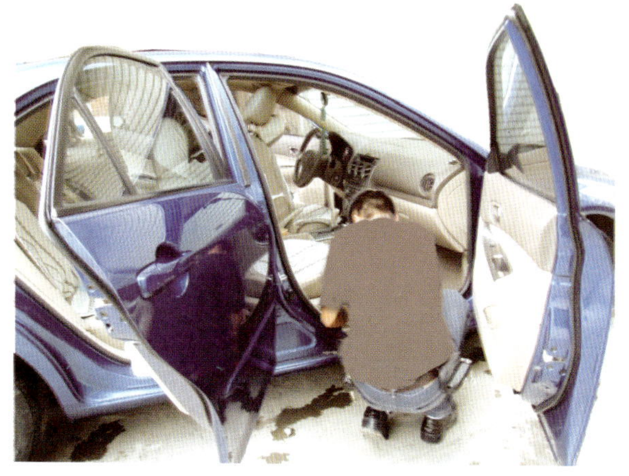

图2.12　系统的隔音工程一般经过减震、降噪、密封三个步骤完成

的噪声。

(2)如何实施隔音工程

具体来讲，系统的隔音工程一般经过减震、降噪、密封三个步骤完成。首先，对四个车门、后备厢、车地板、引擎仓及车顶进行减震处理；其次，对全车进行吸音、降噪处理；最后，对车内进行密封处理。对车内进行密封处理时，不要过度密封。因为车体密封工程是解决由外向内传播噪声的基础工程，应做到车体良好密封，使车内气压保持平衡。否则，过度密封能造成车内缺氧，给你的身体带来危险。

实施减震处理时，有主次之分：首先是车门和后备箱，因为绝大部分噪声是通过汽车的悬挂系统、后备厢、底盘、车门等部位传入车内的；其次是车地板和引擎仓；最后是车顶。

由于车内噪声不易集中治理，因此，对施工产品的质量和施工技术有较高的要求，一般情况下，专业的声学产品属较好的隔声产品，这包括隔音垫和吸音棉两种材料。隔音垫粘贴在车体产生振动的部位，而吸音棉能吸收减震胶对付不了的杂振产生的噪声。通常情况下，实施汽车隔音工程时，需贴一层隔音垫和一层吸音棉。

找到汽车产生噪声的真正原因之后，如何来减少它呢？现在市场上较流行的做法是针对噪声的不同来源，采用不同的材料去应付。

1）消音垫

针对目前车身钢板较薄的事实，通过黏附附加物改变钢板振动频点，以减少共振发生的机会。

2）声音杀手

它又可用作底盘防锈。通过在底盘喷上一层稳定持久黏度物质，达到让底盘钢板与空气隔离目的。这样做不但有良好的防锈效果，同时还会有一定的隔音作用。

3）吸音棉

主要用于低频噪声的隔音。由于低频噪声的穿透性强，而吸音棉里有大量空气充斥其中，能达到一定的隔音效果。

4) 密封条

顾名思义，用于提高车本身的密封性，尤其在车窗、车门等部位加强效果明显。

(3)隔音工程误区

有很多车主认为，汽车隔音是一项非常简单的工作，只需在车内粘贴或添加一些像毛毡、石棉、海绵等材料就可以达到隔音效果了。其实这些材料对车辆的声音改善是微乎其微的，甚至由于这些材料的防火阻燃性差，还会为今后的车辆使用埋下很大的安全隐患。

一般的隔音工程施工后，能使噪声降2~3分贝，好的材料能使车内噪声降5~8分贝，最好的情况下，能降13分贝。如果施工人员告诉你能降20分贝，甚至更多，那你就该注意是不是被忽悠了。只做挡火墙是达不到较好的隔音目的的。

8.汽车天窗

(1)天窗的优点

1)改变传统换气方式

汽车天窗改变了传统的换气形式，风吹进来形成一股气流，将车厢内的浑浊空气抽出去。汽车高速行驶时，空气分别从车的四周快速流过，当天窗打开时，车的外面就形成一片负压区。由于车内外气压的不同，就能将车内污浊的空气抽出，达到换气的目的，让车厢内始终保持清新的空气，让你备感驾驶的乐趣。

图2.13 汽车天窗可以改变传统换气方式、除却车内雾气、快速降温

2)迅速除却车内雾气

使用天窗除雾是一种快捷除雾的方法。特别是在夏秋两季，雨水多，湿度大。开车的人都知道，如果行车过程中将车的侧窗紧闭，就会增大车内外温差，前挡风玻璃容易形成雾气。虽然大多数车都配备了防雾装置，但有的效果并不那么明显。驾车者只需要打开车顶天窗至后翘通风位置，可轻易消除前挡风的雾气，保证行车安全。

3)快速降温节约能源

使用天窗还有节能的功效。在炎热的夏天，车在太阳下暴晒一个小时，车内温度可轻易达到70 ℃左右。打开车门，一股热浪就会扑面而来。对许多人来说，都是选择马上打开车内的空调降低车内温度。其实，如果你拥有的是一辆天窗版的汽车，只需打开天窗，利用车辆行驶过程中车顶形成的负压抽出燥热的空气就可达到快速换气降温的目的。使用这种方法比使用汽车空调降温的速度快2~3倍，而且还节约汽油。

(2)如何选择适合的天窗

①根据自己喜欢的驱动方式和所驾驶的车型选择所适合的天窗，什么样的车安装什么样的天窗这一点很重要。

②天窗产品可分为手动外滑式、手动上掀式、电动外滑式，主要适用于经济型轿车。而内藏式天窗适用于高档商务车。

③天窗的规格要求也是很重要的，建议选取比较大一点的，这样天窗安装后边框离纵梁越近，安全稳定性越高。相反如果尺寸太小，会使天窗在行驶颠簸中形成打鼓现象。

④天窗产品对安装技术、安装材料和装配工艺要求很高。在选择天窗服务商时，需谨慎，务必选择质量好、经验丰富、有完善售后服务保障体系的安装服务商。

(3)汽车天窗常见问题

1) 天窗是否会漏水?

只要你在安装天窗时能够满足以下四个方面的要求：合格的产品、专业化的安装、正确的使用、定期的保养维护，天窗就绝对不会发生漏水的现象。

首先，选择天窗品牌要擦亮眼睛。目前市面上的天窗质量参差不齐，有的会带有“先天缺陷”。在此提醒你

图2.14 安装天窗要注意合格的产品、专业的安装、正确的使用、定期的保养

尽量选进口天窗。世界各国的天窗市场基本都由五个品牌占据，它们是：德国/荷兰生产的韦巴斯特豪华牌、德国的美驰、荷兰的伊纳帕、意大利的奥泰克以及美国的ASC。它们都是值得信赖的。

选择一家好的安装公司，他们的经验、工具、用料、手法等各个方面都会强于别家，这样才能避免今后发生安装质量问题。

有很多天窗发生故障都是使用者的人为因素造成的。比如手动式天窗的锁扣或摇柄不慎拧反了方向，或者有的淘气小孩对电动天窗频繁地开关，这些都可能对

天窗造成损害。另外在一些极为颠簸的道路上依然完全滑开天窗也可能会出现故障。

除了以上方面，维护保养也是非常重要的。因为加装天窗并非一劳永逸。天窗是一种结构做工都非常精密的装置，离不开精心的维护。尤其风沙大的地方，天窗的滑轨、缝隙当中都会积上不少的尘土，如不定期清理，则会磨损天窗各部件。

2)天窗是否影响车身强度?

同样，你也要遵循两点要求，加装天窗就不会对车身强度有影响。第一是合理选择适合自己车辆尺寸的天窗，第二是要规范地安装。

现在大部分车是采用承载式车身，好的天窗产品已经充分考虑到车身结构强度问题，所以它采用了框架式结构来加强车顶的结构强度。并且在某些型号的天窗上，已经增加了钢架支撑以增加强度。

3)天窗在发生撞击时是否会对乘员造成伤害?

进口天窗100%采用了钢化玻璃，无论从钢化效果还是厚度来讲，天窗所用玻璃都比车辆本身所带玻璃要强。万一破碎后，天窗玻璃会碎成没有锐角的细小圆粒，不会对人造成任何伤害。

4)天窗是否会让人觉得晒?

在中高档天窗中，玻璃均采用了隔热处理，它不光能够有效地阻挡紫外线，更能阻挡热量的进入。质量好的天窗甚至能达到隔绝95%以上热量的进入。有的还附属了一些遮阳板、遮阳帘，也起到辅助的防晒隔热作用。而对于那些经济型天窗，你可以在天窗上贴一些隔热效果较好的太阳膜，也能有效阻止热量进入。

5)天窗是否会卷进尘土？

如果你打开侧窗，吹进来的是旋涡状气流，不仅吹进车里很多土，乘员的脸和肩膀也会吹得生疼。而天窗采取的是负压换气式原理，和排风扇往外抽吸换气的原理相同。所以与开侧窗相比，车内几乎没有尘土进入，更不会像有些车主所担心的“卷进尘土往头顶落”了。

6)天窗是否会增加车内噪声？

因为天窗的抽吸换气方式与侧窗不同，所以打开天窗后车内的噪声与打开侧窗相比是微不足道的。

7)天窗寿命有多长？

只要正确使用定期保养，车辆报废后汽车天窗仍可使用。

8)原车所带天窗与后加装天窗的区别何在？

原车天窗是汽车在生产线上安装的产品，最大特点是成本低，但存在功能少、材料用量省的问题，而且不能满足所有车型的安装需求。后加装天窗的功能较全，质量较好，可以满足各种车型需要。但价格要高一些，并且需要额外的安装时间。

9.车顶行李架

一般来说旅行车与越野车比较适合安装行李架。

图2.15　行李架不仅可以让爱车造型更酷，更可以在你出游时派上大用场

如果你拥有的是一辆轿车的话，由于轿车造型线条的关系，装上行李架会显得不伦不类。行李架不仅可以让爱车造型更酷，更可以在你出游时派上大用场。

行李架的价格相对便宜，它可以放行李厢放不下的东西，比如体积大的行李、自行车、折叠床等等。只要车主将货物固定到位，特别是在货物上加装上行李绳网，它可以承载比你预料的更多的东西。当然不能超过行李架的设计承重30~50千克。

车辆使用过程中经常会遇到紧急刹车的情况，所以行李架的设计者必须考虑其安全系数。一般有经验的行李架厂家都会按照车辆最大的行驶速度去设计行李架的安全系数，正规的制造厂家生产的行李架使用安全都有保证。

根据尺寸大小和特点每个厂家都给行李架产品起不同名字，比如单层行李架、双层行李架、澳式行李架、豪华行李架等，有的只分专业行李架和通用行李架。如果从安装上分则可以分为简易行李架和KD组合式行李架。

(1)预留位置是安装关键

不是所有的车型都适合安装行李架。有些车子在出厂的时候就已经安装了行李架，当然这种行李架只是非常简单的款式，如果你不喜欢可以挑选自己喜欢的行李架换上。还有一种情况是出厂的时候没有直接配装行李架，但却在车顶上为车主后期加装行李架预留了安装位置。车主只要看看车顶上是不是预留支座安装空位和支座支撑位置，一般上面都已经配有预留的螺丝。

对于那些没有预留安装位置的车子，车主最好不要自行安装。这牵涉到后期的防漏、防锈工作，比较复杂，因此往往会因为处理不好，影响了后期的车辆使用，而且行李架的安全性也不好。车主遇到这种情况，最好将车子送去专业的改装店安装，以免留有后患。

越野车本身的高度不能太高，车高加行李架不能超过2.3米。

(2)安装使用行李架注意事项

在安装使用行李架方面，车主则需要注意以下事项。

①安装行李架后要对螺丝紧固作定期检查。检查间

隔根据不同的路况和载重情况而定，一般最好7天检查一次。

②放货物要绑紧或固定在行李架上，所有的货物要放均匀，重心尽可能降低。

③如果要使用绳子，最好用没有伸缩性的。

④在行李架上有挡风的东西，要小心行驶，刹车时也要注意。

(3)怎样鉴别行李架质量

行李架市场价格的差异很大，这是因为材质的悬殊而造成的。

首先主体支撑部位就有铝合金以及高强度塑料（尼龙加上混合玻璃纤维制成）两种材料。其中铝合金材料有着强度高、质量轻的优点，所以用得最广泛。但是铝合金所含的微量元素不一样，制造出的材料强度和硬度也不同。而高强度塑料材料，比较容易老化，原因是塑料易热胀冷缩，造成装配精密度较差。

支架（侧杆与横杆）部分，一般用锌铝合金制成，它的成本高，但强度高，装配质量好，使用寿命长，所以价格也高一些。

材料是质量的核心。如何鉴别呢？方法一是在大气状态下看它的老化寿命，看多长时间不褪色、不脱落、不变形；二是看表面光泽是否一致，是否均匀，有没有凹凸点和裂痕；三是看它的力学结构是否合理。这要看它用料的厚度，看连接处是否连接紧密。行李架安装好后，

图2.16 行李架材质各异，价格差异也很大

从是否易变形等方面判断其力学结构的合理性；四看品牌，好的品牌其质量有一定的保障，目前该行业已经形成的知名品牌有锐搏、伟华、JAC、THULE等品牌。

10.护杠

加装汽车护杠，是越野发烧友最基本的改装项目，除此之外，越来越多的旅行车、平头面包车、货车也都选配了护杠。护杠一方面能够在事故当中缓冲撞击力，保护车身，另一方面还使量产的车型具备鲜明的个性。

护杠从结构上可以分为前杠、后杠和侧杠（或称侧踏板）三类。前杠又分为护灯型和U型两类，在此基础上，前杠还可加装挡泥板、泵把、色灯等装置。后杠主要有单管式和双管式，也可增加踏板、泵把、挡泥板和尾灯等装置。现在越来越多的原厂车都装备了侧杠，侧杠有圆管和椭圆管两类，主体材料一般为不锈钢，为了实用和美观，还另外以塑料件或铝管装饰。

图2.17　护杠能够缓冲撞击力，还使量产的车型具备鲜明的个性

(1)护杠的质量选择

目前在售后市场上，汽车用品生产厂家针对不同款式的车型量身定做了多种护杠产品，车主可以根据自己的喜好进行选择。值得注意的是这类专用车型护杠不可在不同车型之间套用，如陆风护杠就不宜在帕拉丁上使用。

劣质护杠大多是铸铁质地，外面镀一层仿不锈钢材料，时间长了容易从里面锈蚀，塑料件也容易变色、掉漆。用正规设备加工出来的护杠，不管弯度多大，钢管都很平顺，而劣质杠钢管的里弯会起褶子。如果资金比较充足，可以选择进口护杠。这些产品采用高水平烤漆工艺，产品表面光度高，透明性好，立体感强，耐腐蚀性强，后续维修成本低。有些车主喜欢静电喷涂工艺处理，它的最大特点是工艺简单，附着力好，其缺点是表面质量粗糙，有橘皮、针孔缺陷。静电喷涂工艺加工成本低，后续维修成本高且不方便。

(2)验收加装工程注意要点

①看护杠与车子是否协调，有无影响车子原有的配置；

②看安装是否两边对称，用力摇动时是否牢固，此时振动越小越好；

③看在安装过程中是否改变了车体的部件，车身的螺丝是否恢复原位，所有的螺丝是否拧紧、是否牢固，这关系到护杠的使用和安全问题。

(3)前杠种类

目前大致分为U型前杠、护灯前杠两种。

1)U型前杠

它结构简洁，可以保持车型原有的面貌，几乎什么车都可以用，但它只能防御正面的撞击，不能抵挡来自斜前方的撞击。装上U型前杠，在越野场地可以清除石头、泥土、树苗、杂草这类的障碍物，还可以保护车身、泵把和底盘。但在都市行驶的时候，U型前杠的装饰性就大于实用性了。

2)护灯前杠

它可以全方位地保护前脸包括车灯和泵把，抵挡来自正面和斜前方的撞击。车主在转弯过程当中如果判断错误，转弯角度不够而导致车辆撞击障碍物，护灯前杠可以有效地保护车身。

图2.18　丰田3400霸道护灯前杠

(4)侧杠

侧杠的作用是方便驾乘人员上下车，当车主需要放置东西到车顶的时候，它还可以充当垫高物，同时侧杠还起到挡泥和装饰车身的作用。

侧杠有粗细之分，以及越野车专用和微型车专用之分。越野车的底盘高，而且底盘结实，可以安装粗管；微型车底盘低，轮距短，只适合安装细管。

(5)后杠

后杠可分为单管式和双管式。

很多车主喜欢在后杠加装反光片，在夜间行驶的时候提示后来车辆。

(6)尾梯

尾梯同样可以缓解来自后方的冲击，款式大多以实用为主。

尾梯的材料可以分为不锈钢和铝合金两种，前者防腐性能强，光泽度高，承重能力高，所以在实际应用当中最为普及。

11.氙气灯

氙气灯是一种含有氙气的新型大灯，又称高强度放电式气体灯，英文简称HID。氙气灯打破了爱迪生发明的钨丝发光原理，在石英灯管内填充高压惰性气体——Xenon氙气，取代传统的灯丝。在两段电极上有水银和碳素化合物，透过安定器以23 000伏高压电流刺激氙气发光，在两极间形成完美的白色电弧，发出的光接近非常完美的太阳光。目前，全球30%的汽车制造商都已经把氙气前大灯作为车辆的原配套设备。与此同时，由于现有车主对于氙气技术的不断了解，将原车卤素前大灯改装为氙气灯也已成为市场的一大热点。

图2.19　氙气灯在石英灯管内填充高压惰性气体——氙气，取代传统的灯丝

(1)氙气灯的优点

①省电　只要35 W的电力，大大减轻汽车力系统的负荷，电力损耗节省40%，相应提高了车辆性能，节约能源。

②安全　发生事故时，镇流器内的检测电路能迅速把高压电切断，以保护人员安全；高绝缘性的电线以及防电磁干扰的设计使你高枕无忧。

③超亮度　亮度提升300%，照得更广、更远，让你行车更安全。

④色温性好　有4 300~12 000 K，接近日光，深受广大用户的喜爱，而卤素灯只有3 000 K，光色暗淡发红。

⑤长寿命　寿命长达3 000小时，大幅超越汽车夜间行驶的总时数。

⑥规格齐全　适用各式车种，包括所有的国产车、欧美日车系列。

⑦安装方便　只需要把氙气灯头插入原有灯孔，固定镇流器，接上电源线即可。（不需改动车辆原有部件）

(2)改装方法

1)将卤素灯泡换成氙气灯泡

优点：由于市场上已经推出了适配H7、H4、H3、H1、HB3、HB4等卤素灯泡的氙气灯泡，因此几乎所有的车型都可以适用。

缺点：一方面由于氙气灯泡与原卤素灯泡的大小、

尺寸都不尽相同，发光部分必然偏离了焦点位置，从而使车灯出现不聚光、无正确的远光功能等严重的负面影响，甚至会导致会车炫目的几率成倍的增加。另一方面由于更改了原车的电路，一旦出现产品质量问题，很可能引起短路起火的危险。

2)更换前大灯总成

优点：这种改装方式主要采用原配套氙气前大灯，即氙气光源配合专门为其设计的配光镜和反射镜，因而成为一种最理想的改装方法。

缺点：价格昂贵。

3)在车头或车顶加装氙气辅助灯

优点：这种改装相对比较灵活，用户可以根据车辆的前围造型和自己的喜好挑选适合的产品，选择合理的安装位置进行安装，满足个性化的需求。氙气辅助灯以远光灯为主，外径一般小至80～90毫米，大至200毫米，分别可适合卡车、越野车、轿车等不同车型。

缺点：对于车辆前围保险杠及格栅有一定的尺寸要求，需仔细测量后再予以改装。

(3)注意事项

1)保证质量选精品

目前，市场上的氙气灯可谓良莠不齐。进口的、国产的、贴牌的，市场上有数十种。氙气大灯是工艺和技术十分复杂的零配件，质量差的氙气灯往往寿命很短，灯泡

图2.20　购买氙气灯最好选择有一定知名度的大厂产品

很容易烧坏，而且色温亮度和散射角度也往往不符合要求，所以最好选择有一定知名度的大厂产品。目前，全球具有实力的汽车氙气灯制造商屈指可数，在技术上一直以欧洲品牌为代表，如：PHILIPS、HELLA、EOS、OSRAM等。

2)注意规定别超“炫”

一些车主为了改装后的车灯更酷、更“炫”，选择色温过高的灯色偏蓝的氙气灯，但这种蓝色灯光会特别刺眼，对面路人和司机的眼睛，不但让人不快，还会影响安全；另一方面，很多车主夜间行车都不注意用灯规则，在错车时开远光灯、随意闪车灯等。对此，需要提醒的是，交管部门对汽车照明灯在功率上作了强制性的规定，前大灯瓦数不能超过60 W。信号灯的瓦数与颜色也分别有限制，车主进行灯泡升级时一定要注意遵守这方面的规定，以免因车灯不合规定而使车辆年审不过关。

12.越野车灯

作为一位越野四驱车主来说，采用什么类型的附加灯，必须要了解下列四大灯种：

(1)雾灯(Fog Lamp)

这是我们最常用的一种附加灯，如遇上大雾行车，雾本身有散光效果，当一般车灯照射到雾时，会令光线分散，形成一层白色屏障。而且在大雾情况下，迎面而来的车辆不易察觉你的存在，造成一定的危险性。而雾灯的黄光比白光更易被雾吸收，令驾驶者有更佳的距离感，能提供较清晰的行车视野。

(2)射灯(Spot Lamp)

射灯是一种带有聚光效果的光线，能够令光线聚合在一个较小的范围，而且它的光线射程是最远的，就

图2.21　一台经常远行的越野车需要通过灯光的改装以提高它的安全性

算在高速公路上高速飞驰时，都容易给其他道路使用者察觉。而在丛林行驶时，越野车更可利用射灯照射较远方的物体，亦可作为在黑夜环境中探路、搜寻及拯救之用。

(3)特备行车灯(Driving Lamp)

这是一种在完全漆黑环境下发挥最大功能的灯种。当一般高或低灯无法提供全面照明时，它能提供一个比较广阔、全面的照射面。单单是这组灯的照射面已涵盖了高灯和低灯照射范围了。

(4)转向辅助灯(Cornering Lamp)

转向辅助灯是要配合原有车灯一同使用，当驾驶员需要一个广角的视野空间时，便需开启这组辅助灯。由于它的折射面构造，令它有较佳的广阔面。至于称为转向，是因为通常使用在一些蜿蜒曲折的山道较多，因此而得名。

上述四类附加灯种都有特定的使用限制，大家不要误以为四种照明灯同时使用，便可在任何环境获得最佳照明效果。因为在大部分路面行车都不需使用这些设备，而有些附加灯在共同使用时，反而会互相抵消其原有功能。如在大雾情况下你只有依靠雾灯引导前行，如果在这时同时开放特备行车灯或射灯，那么雾灯的功用就白费了。

13.绞盘

为汽车选购绞盘时，当然要选一个力量大的，但是如果单凭这一条来挑选的话，绞盘可能就会太重，从而影响车的驾驶性和稳定性。要想知道哪种绞盘最适合自己的车，就必须知道车的自重，并了解每一个绞盘的特点。建议你不妨参照下面的公式，选择与车较为般配的绞盘：绞盘最大负重≥满载重量×1.5。如果以满载重量为6 000磅(约2 700千克)的车来算，那么它至少需要一个9 000磅的绞盘。

图2.22　9 500磅的自救绞盘

要想安全顺利地使用绞盘，有些辅助用品也是必不可少的，如手套能安全保护手部；此外，有时还需要带子、U形吊耳、紧线滑轮等。带子是用来固定支点的，一般长度为2米左右；U形吊耳能将钩子与带子及绞盘连接起来；用双线或三线，或改变拖拉方向时，则需要靠紧线滑轮。

目前国内能见到的电动绞盘品牌很多，不同品牌绞盘的价格差距比较大，以8 000磅产品为例，RAMSEY绞盘中国销售价在9 000元左右，美国WARN价格次之，而国产品牌的价格仅在3 000元左右。国产的绞盘尽管便宜，但销量一直不多。相反价格偏贵的进口产品，国内销量一直看好，这也使得更多的国际品牌绞盘进入了中国。

在安装绞盘的时候，有几点需要特别注意。首先，现在大多数四驱车都装备有安全气囊，在安装绞盘时很容易损坏安全气囊的感应器。如果你打算安装绞盘，应该确信为你安装的人了解潜在的安全气囊问题。其次，就是要确定车辆的电瓶能否足以应付你新安的绞盘。大绞盘需要耗费很多电，在只有一个电瓶的情况下，较长时间的使用绞盘很容易将电耗尽。应该安装更大的发电机或双电瓶系统，或者两者同时安装。

第 3 章
汽车内部
装饰与升级

第1节　车内空气净化装置

对于有车族来说，车就是他的第二个家。“家”里的空气质量至关重要。

图3.1　有车族不可忽视车内空气净化

1.“空气杀手”产生原因

车辆处于行驶状态中，道路上汽车排放出的燃烧废气（一氧化碳、二氧化碳、可吸入颗粒物、多种挥发性有机物等）是车内空气的主要污染物。根据车辆设计原理，即使不打开车窗，车辆在行驶过程中，车内外空气仍会发生流动和交换；在洼地、车库等相对封闭的环境下让发动机长时间保持运转则非常危险，高浓度的有害气体会积聚在车厢周围，通过空调系统或车厢缝隙回流到车内，可能在短时间内造成车内人员昏迷甚至死亡。此外，车内的有害气体如甲苯、甲醛等也会对人体健康造成危害，这些有害气体主要通过呼吸道被人体吸收。在浓度达到一定程度就会引起眩晕、头晕眼花，严重的将导致死亡。

车内的空气污染主要来自于以下几个方面。

首先是新车本身的各种配件和材料中的有害挥发物，如车内塑料、皮套等或多或少都会散发出甲醛、苯，长期接触可能引起鼻腔、皮肤和消化道癌症。每立方米室内空气中，甲醛释放量达到50毫克以上，会引发肺炎等危重疾病。

其次是二次污染，车内装饰物通常是造成二次污染的主要来源。比如很多车主买车之后喜欢在车内摆放一些毛绒玩具、靠垫、塑料地毯、儿童座椅等，如果这些装饰是劣质商品，就会增加车内甲醛的含量。另外，劣质羊毛坐垫、劣质香水、劣质座套、劣质防爆膜等也都有可能对车内空气造成二次污染。

最后是车内空气循环系统污染。由于长期关窗开空调，香水以及其他相关产品中的有机物在车内滋生细菌，如果不经常清洗空调的过滤系统，滋生的细菌会造成呼吸道感染。

2.解决空气污染的方法

(1)光触媒

光触媒充分利用二氧化钛的强氧化能力利用光源做催化反应，促进有机污染物的强效分解，并且把有机污染物分解成无污染的二氧化碳和水。同时光触媒还具有抗菌、杀菌、除臭、防污、亲水、防紫外线等功能。

不足之处：不直观，需要阳光直射或紫外线照射，作用时间短，要经常喷涂。对烟味和汽车尾气无效果，杀菌效果不理想，加速车内皮、布和塑胶材料的老化，成本较高。

(2)活性炭吸附

活性炭是一种非常优良的吸附剂，可以有选择地吸附空气中的各种物质，以达到消毒除臭等目的。其优点是见效快。有人曾做过实验，在装有活性炭的车内吸烟，车外的人开门后几乎闻不到烟味。

不足之处：易饱和，使用时间相对较短，一般一年需要更换一次，不具有循环净化空气的功能。

(3)环保清洁剂

因为方便、环保，此种方式近年较为流行，原理是采用含氧化酶的清洗材料，对车内有害气体进行氧化还原反应。同光触媒的原理类似，效果直观，采用独特的除异味配方，对于清除宠物异味、烟味、食物气味、霉味等有特殊效果。价格适中，一次费用在100~200元。

不足之处：市场上产品良莠不齐，消费者极有可能上当受骗。

(4)清洗空调系统

清洗空调系统的优点是能在短时间内达到消毒杀菌的目的。

不足之处：专业的清洗车内空调循环系统的技术目前在国内还不是很成熟。

第2节 地毯、脚踏垫

许多人长时间在车上度过，比如专职的司机。虽然用不着走路，但脚依然感到疲惫，这时如果在车上铺块地毯安抚双脚，肯定会感到从脚到头的舒爽。好的汽车地毯具有很强的防污能力，是采用防水、防污等高品质地毯面料制成的。汽车地毯甚至可以用于收集脏东西、尘土、宠物毛、草、冰雪、潮气和碎屑等，随后可用适当清洗方法除去。对地毯的尘土可用吸尘机处理，对宠物毛和顽固污迹用刷子刷及用水冲洗。如有需要，可加入适量洗洁精一起冲洗，然后再风干或晒干便又可使用。

脚踏垫是汽车上不可或缺的物品，平时人们几乎忘了它的存在。它却在车室空间中，有着举足轻重的地位。而一个合适的脚踏垫，它的材质和触感是相当重要的，便于清理亦是重要的因素之一。

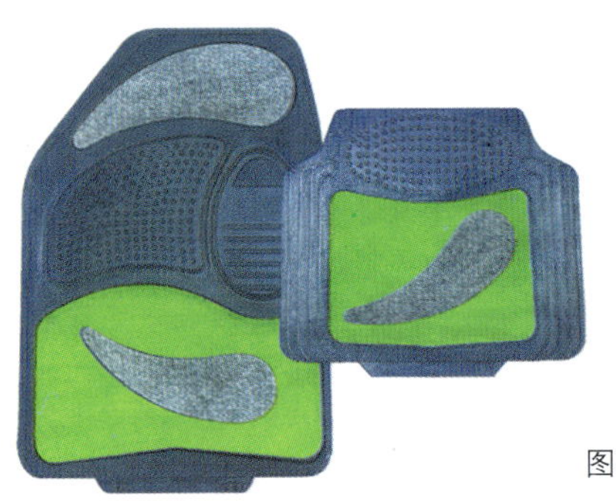

图3.2　汽车脚踏垫

经常在野外活动的越野车主，上下车时鞋上所沾附的泥沙容易弄脏车内。有的车主经常在车内进食，此时能够方便清理的脚踏垫就显得很重要。若不能即时处理，不仅会造成车室空间的脏污，甚至会引来蚂蚁、蟑螂的寄居，有时还会堆积尘土。

除了清理的便利性，有些车主也很注重车内空间的舒适性，希望一进到车里面，就有一种归家的感觉，甚至是一坐进车内就想脱掉鞋和“宽衣解带”。若是能够踩在柔软舒适的脚踏垫上，想必能为平淡无奇的驾驶生活增添些许乐趣。

目前市面上脚踏垫材质大致有3种，分别为毛皮类，PVC和特殊材料，颜色众多，消费者可依据自身的需求和车款来选购。

1.高贵舒适的长毛脚踏垫

一般毛皮类材质的脚踏垫不但触感轻柔，对于车子整体的价值表现也具有加分的效果。通常分有长毛踏垫与短毛踏垫两种，长毛脚垫的触感较为柔软舒适。而短毛踏垫的触感依旧轻柔，只是与长毛踏垫比较，双脚踩在上面的感觉显得没那么沉。

通常选择毛皮类脚踏垫的消费者，多为追求舒适性，或是一些高级进口车为了搭配内饰的质感，营造一个温馨舒适的车室空间，提升自己的品味。无论是驾驶者或是乘客，一上车就有种如家的感觉，甚至会把鞋子脱下，因为不忍心将如此舒适美观的脚踏垫给弄脏。

2.通用方便的PVC脚踏垫

目前大部分汽车的脚踏垫是PVC材质，只是制作的形式不同而已。做得精致的PVC脚踏垫，即使是塑胶制品，踩起来的触感依然很舒适，清理起来也相当方便。而高档的PVC脚踏垫，除了可以取得毛皮材质的舒适性和PVC材质的方便性的平衡外，价格也较为低廉。

3.特殊材质的脚踏垫

对于一些发烧玩家，铝制的脚踏垫对他们来说一定不陌生，但相信一般车主不会这样的配制。铝制的脚踏垫最方便的就是脏了拿块布擦一擦就搞定，没有清洁的烦恼，可以随时保持车室空间的干净。

此外，市场上还有各种不同功能的脚踏垫，有的是运用特殊材质制作防火的脚踏垫；有的是越野吉普车和卡车专用，可以100%防水的“雨雪泥”。更有能够防

水、防发霉、底盘隔音的特殊材质脚踏垫，或是双层设计的可撕开清理的产品等，满足消费者不同的需求与爱好。

第3节　电动窗帘

电动窗帘除了能保护乘客隐私，实现单向透视以外，它的主要功能还是隔热、阻挡紫外线。

1.电动窗帘的材料

电动窗帘所使用的高分子经纬棉具有良好的单向透视特性，可以有效地将大部分强光阻挡在车外，同时保持车内一定的光亮度。要达到上述的功能，主要依赖高分子经纬棉细微的八边形结构，整幅窗帘有效地遮挡车外光线，形成车内隐私空间。而利用小孔成像的原理使乘客在车内即可清晰地看到车外的景观。

此外，经纬棉可以减少水分的流失，降低车内因强光照射而引起的干燥程度。正是因为解决了材料问题，厂家开始看好电动窗帘的市场，研发的产品也逐渐丰富，发展到今天出现了五幅电动窗帘，即除了四个侧窗外，连后挡风玻璃也安装电动窗帘，而消费者的购买欲望也重新燃起。

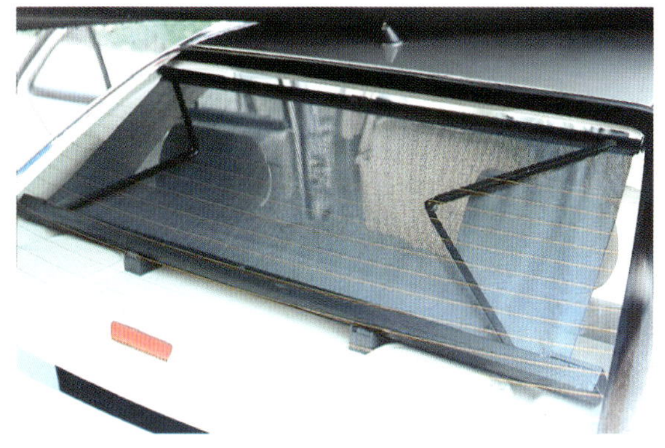

图3.3 具有遮阳、隔热、阻燃、抗拉、耐用等性能的汽车自动窗帘

2.电动窗帘的种类

从制造材料来看电动窗帘可以分为三类。一类是尼龙、涤纶产品，这种产品在阳光照射下没有灼热感，隔光隔热作用有限，整车安装市场价280元；第二类产品是PVC产品，PVC又称塑料胶膜，这类材料被大量地应用在雨衣上，其用于手动窗帘的市场价格为每平方米5元左右，用于电动窗帘为280元两幅。第三类便是采用高分子经纬棉制造的电动窗帘，这类产品坚实耐用，几乎无需维护保养，但价格相对前两者高出许多，平均1 800元一台车，根据车型的不同，价格会有浮动。

3.电动窗帘的安装

电动窗帘从安装上又可分为内置式和外置式。最初内置式电动窗帘只有宝马等高档车上才原装匹配，并且限于两个后门侧窗使用。后来经过制造商的努力，已经开发出内置自动窗帘系列产品，涵盖了各种车型，而且吸收了奔驰、宝马、保时捷等高档车型的设计精髓。利用面板上的闲置按钮，便能轻松启动这类电动窗帘，做出与原装配置相同的效果。不过，其价格相对外置式要高出许多。

第4节　桃木内饰

作为一种品味和身份的象征，桃木内饰现在已经成为越来越多高档车的必备品。装桃木内饰，不仅仅是一种含蓄的品味的象征和表达，同时也是一种追求个性的需要。但是往往汽车的桃木内饰让人很难分辨其工艺的好坏，因为所需的硬件要求不高，因此一般的汽车维修保养店都能做，但做的效果好坏高低就不一样了。装桃木内饰是一项技术要求比较高的内饰改装，技术是决定质量好坏的标准。

可以从下面三个方面来判断和选择在哪一家店改装：

图3.4 桃木内饰改装是一项技术要求比较高的工作

①看看内饰的表面是否有颗粒。如果做好的汽车桃木上面有颗粒,就表明这家店的水平一般。

②看看喷的光釉是否均匀。做工不细致的店,因为喷的光釉过多,可能会流到桃木的边缘地带累积起来形成一些丘陵状的凸起。如果不细致观察,很可能看不出来。可以在一个平面上观察和用手摸,喷釉不均匀的店,水平也好不到哪里去。

③看花纹是否清晰。胶膜印在桃木上的花纹一定要清晰,没印好的花纹,会模糊不清。

④这是在你的爱车已经完工后的检测,看看你的爱车桃木内饰上有没有圆点。如果有,表明维修店所采用的胶膜上有洞,你可以要求重新施工。

第5节 椅 套

1.多样性选择材质面料

目前汽车椅套有相当大的选择空间。各种材质、各种花色琳琅满目。按椅套的材料分，有化纤、棉混纺、纯棉、丝绒、裘毛几种。

图3.5 一款纯棉加厚专版印花的椅套及靠枕等

其中棉混纺椅套是市面上最常见的，也是许多车主最爱的选择。这种椅套的最大好处在于易清洗，脏了只要拆下来放进洗衣机洗洗就行，而且还结实耐用，不易磨损。车主尽可以根据个人的喜好或是自己给爱车设计的整体风格来进行选择。椅套价格的高低，主要是看原材料的成分，化纤属于较为低档的面料，价格从几十元到百多元不等。棉混纺在350~400元，纯棉椅套一般在500元左右，丝绒在1 000元左右。丝绒椅套摸上去手感非常柔软，透气性良好，但清洗时就麻烦一些，必须送去干洗。裘毛比较少用，价格也较高，在1 500元左右。目前市面上多了一种有趣又实用的"变脸"椅套，这种椅套中间"脸谱"部分可以取下。不同心情，不同的环境可随时选择不同的"脸谱"搭配，达到多套合一的使用效果。

2.和谐感体现品位搭配

加装椅套不仅仅是美化车子那么简单，还关系到乘驾的舒适性和安全，当然也反映你与众不同的品位个性。购买汽车椅套时，车主可根据自己的喜好和预算购置。

混纺座套结实易清洗，但手感较硬较粗，它的优势在于价格相对来说比较便宜，普通人都能接受。用一段时间腻了，再换也不太心疼。纯毛座套柔软舒适但价格较高，清洗保养起来较费时费钱，不过400~500元的价位很多人还是可以接受的。选择椅套要注意颜色和汽车的颜色要搭配，尤其和仪表台、地板和门板的颜色要和谐。蓝色、米黄色和黑灰色是目前比较流行的主流色调，小车一般多采用色调鲜艳、花式较丰富的椅套，大车多选用色调较沉、花式统一的椅套。

第6节 真皮座椅

1.轿车真皮座椅的优缺点

真皮座椅的优点是:

①提高汽车配备档次,让汽车能够在视觉上、触觉上,甚至在味觉上都有一个好的感觉,可使汽车增色不少。

②真皮座椅不像绒布座椅那么容易藏污纳垢,顶多只是灰尘落在座椅的表面,不会堆积在座椅的较深处而不易清理。

图3.6 真皮座椅可以提升汽车档次,也比较容易清理

③真皮座椅的散热性比绒布座椅要好。在炎热的夏日，真皮座椅只会表面较热，轻拍几下，热气会很快消散。所以，长时间坐在皮椅上时，也会将体热散去，而不像绒布座椅那么吸热。

真皮座椅的缺点是：

①使用起来必须尽量小心，以免碰到尖锐的物品，而使真皮表面损伤。

②真皮座椅受热后会出现老化现象，如果不理会，易过早失去光泽。

③真皮座椅在乘坐上要比绒布座椅滑，虽然厂家在座椅表面做皱褶或反皮处理，以降低滑感。但与绒布比，同一椅型真皮座椅的乘坐感还是要滑一些。

2.真皮座椅的识别

如果是分辨原车皮椅或是鉴别已经装好的皮椅，用按压法是很有效的。伸出食指，压压座椅表面（压住不要放手），若是有许多细微的线条向手指按压的圆心伸展而去，那么这就是真皮座椅。如果压下去以后，皮椅表面并没有细微纹路出现，则表示是假冒的。

如果去装饰店等地换装真皮座椅，换前最好通过检查皮样来鉴别一下所用皮子的真假。首先要看韧性，即延展度。拿一小块皮样，然后使劲拉一拉，如果延展性不错，那么说明这张皮是人造皮，即所谓的假皮。真皮的延展性是不佳的。其次，要看皮子的抗火性。人造皮含有塑胶成分，容易燃烧。如果拿人造皮样来烧烧看，人

造皮马上就会烧起来。而真正的牛皮是很难烧着的。再者，还可以找皮样的纤维，把皮样翻过来，看看它的底部。如果皮子底部有自然纤维存在，毛毛的，这张皮是真皮。如果反面没有纤维，很光滑或有一层绒布粘在上面，那么很可能就是假皮。

3.真皮座椅的选择

①选择传统式皮椅。所谓传统式，是指换装真皮椅前需将原有的绒布座椅拆除，然后再重新缝制一层真皮。这样做的好处是店家完全可以按照原来的椅型及椅面上缝隙，重新缝制一张完全符合座椅造型的真皮。这样不仅可以保持原设计时的线条，更可确保在长久使用的情形下，椅面不至于变形。

②选择椅套式皮椅。所谓椅套式，是指一种店家已经制好的皮椅套，只需将它买来套在自家车的椅子上即可。拆装自如、相对便宜的售价是椅套式的最大优点。但长时间使用，容易变形、易位。现在已有更好的方法，将椅套固定在绒布椅上，即通过类似固定胶条的东西，将椅套牢牢粘住，甚至连皱褶和沟纹都能再现。

③有些车主喜欢在真皮的座椅外部再套上一层椅套，如在头枕部分加套一个针织物，以求美观和保持真皮座椅的清洁。美观与否暂且不谈，单说清洁，再加一个套是有害无益的。因为时间长了，灰尘、杂物等细屑不仅会堆积在织物的表面，还会透过织物套堆积在真皮座椅的表面，反而造成清理上的困难。

4.真皮座椅的保养

车内的真皮座椅或其他真皮饰件长期使用就会出现褶皱、干裂和粗糙失光、脱色、老化等问题。平时，你可以自行使用真皮护理剂简单擦拭，或在进行内饰美容时做彻底的清洁和上光养护。简单的清洁和上光仅能维持短暂的美观，且过于频繁的清洁，可能会影响真皮座椅的质感。所以，你也可以选择“真皮座椅镀膜”工艺，针对汽车真皮饰品做一次深层养护。

所谓“真皮镀膜”，是采用澳洲特有的优质绵羊毛脂和天然植物树脂等环保原料，成分天然环保，能够在汽车内饰真皮表面形成一道光滑柔韧的无形保护膜。既能保持真皮的透气性，又能彻底隔离污垢，同时还能避免各种污渍对真皮外观造成的再次污染。而内层膜含有丰富的绵羊毛脂营养成分，能持续滋养真皮，保持真皮的湿润度，使汽车真皮座椅长久如新、手感柔软。真皮座椅每天与人体亲密接触，保持它的洁净，对汽车、对人体都将十分有益。

第7节 跑车座椅

对于一些汽车爱好者来说，车不单纯是代步的交通工具，而是成了享受速度与操控乐趣的工具。有些人天生对速度就有一种不满足感，无论是摩托车或汽车，只要动起来就会不由自主地快速前进。于是跑车座椅就应运而生了。跑车座椅又称为赛车座椅或桶型座椅。

1.跑车座椅的作用

由于汽车厂在设计普通的汽车座椅时，是以车辆本身所设定的消费群需求为目标，除非是特殊的高性能车种才配以运动型座椅。一般轿车用的座椅，均以高舒适性为主要考虑要素，由于要兼顾便利性，加之成本方面的因素，一些中低档轿车所配座椅，无法很好地支撑驾驶员的腰部及腿部，长时间乘坐就容易出现腰酸背痛的情况。

图3.7　跑车座椅是专门针对高速行驶的车身与人体动态反应而设计

而且，这些强调舒适性的座椅，在抵抗弯道离心力时，无法支撑高速过弯所施加于身体的强大离心力（即所谓G力），会让驾驶者的身体产生严重的侧倾状况，也影响到车身所传送的抓地力与转向的反馈力量。当然，大部分的车主是不会迫使汽车达到如此极限境界，但对于喜爱高速过弯的车主或者马力大幅度增加的车辆来说，此情况的出现将会使安全性随之降低。因此将座椅升级为适于高速过弯的跑车座椅，对追求高性能的车主来说就很有必要。

由于跑车座椅是专门针对高速行驶的车身与人体动态反应而设计，因此特别将椅背及椅垫这两个部分加以强化，使人体的腰部、肩部以及背部能够有良好的侧向支撑性。座椅本身的刚性也进行了加强，因此能够有效抗衡，离心力让车主能够更精确地感受到轮胎的抓地性，享受到极大的驾驶乐趣。

2.跑车座椅的选择

市场中所销售的跑车座椅在产地、价位与种类方面都有较大的差异，怎样才能选择适合自己的产品呢？

总的来说，建议消费者以自身的开车习惯及预算为出发点进行选购。如狂飙型的车主，因为平均行车的速度较高，因此需要特别注意过弯时身体的支撑性，甚至椅子的材料与重量也需考虑，这时椅背不能调节的跑车座椅便是最佳的选择。虽然椅背角度不可调整，平时在一般道路上乘坐时舒适性较差，但在激烈操纵时能够有较高的路面反馈感。如果你需要兼顾乘坐的舒适性，那可调整椅背角度的跑车座椅就较合适。

第8节　儿童安全座椅

1.儿童安全座椅的作用

目前所有车辆的安全指标都是根据成年人的身体结构以及成年人的身体承受能力制定的。不论是安全带的高度和系扎位置、安全气囊的弹出角度和力量等。在汽车发生碰撞事故时，这些安全指标只会对成年人产生作用。

身体发育尚未成熟的儿童，非但不适用这些安全装备，有时甚至会产生额外的伤害。以安全带和气囊为例，安全带的系扎位置是设定在成年人肩部，直接作用于成年人的胸部。如果单纯给儿童系上安全带，高度使得安全带直接作用在儿童的颈部，一旦发生碰撞事故，后果不堪设想。

再说安全气囊，由于要承载碰撞时成年人因惯性产生的身体冲击，因此安全气囊的大小和弹出力量都必须满足一个额定的标准。但是换作儿童，如此猛烈的瞬间

图3.8 儿童安全座椅采用的复合式安全带，将儿童的躯干和大腿安全地固定在座椅上

冲击力对于儿童脆弱的面部骨骼和颈部骨骼都是严峻的考验。因此作为一部针对成年人设计的车辆，必须为儿童乘员附加有针对性的额外安全装备。

成年人认为自己正确使用了安全带，再用双臂抱住儿童，这样就安全了，其实大错特错。当怀抱儿童发生碰撞时，成年人只是双手环抱在儿童胸部以下的位置，这样非常容易因为瞬间的碰撞导致儿童的内脏受到损害。甚至由于成年人过于紧张，而将儿童脆弱的胸骨折断。在多数的交通意外中，怀里的儿童在碰撞发生的瞬间是抱不住的，多数儿童都会脱离成年人的怀抱，重重地撞向挡风玻璃或者车窗。

儿童安全座椅针对安全保护的首要特性就是安全地固定住儿童。在碰撞发生时，儿童能够被安全地固定在座椅里，其他的安全保护措施才有发挥作用的机会。儿童安全座椅采用航空航天领域常见的复合式安全带，将儿童的躯干和大腿安全地固定在安全座椅上，将儿童和安全座椅融为一体。这样，在碰撞发生时，安全座椅便可以有效地固定住儿童，发挥对儿童的防护功效。

儿童安全座椅还不仅是将宝宝安全地固定在车辆内那么简单。大量新科技的应用，让儿童安全座椅的承载性和包覆性都大大优于车辆原有的座椅。在意外发生时，儿童安全座椅的坐垫和靠背的抗挤压特性能将座椅的变形程度减到最低。同时安全座椅自身的缓冲吸能设计能够最大限度地吸收来自碰撞的冲击，为儿童提供合理的安全保护。

2.儿童安全座椅的选择

儿童是在不断长大的，一种型号的儿童安全座椅肯定满足不了不断成长的孩子们的需求。但是每年为儿童都换装一款儿童安全座椅也是不现实的，因此不同年龄段适用的儿童安全座椅成为了较为通行的选择。目前国际通行的做法是将选择儿童安全座椅的标准分为三个阶段。

第一个阶段是选择摇篮式后向儿童安全座椅。适用年龄段在一周岁以下，体重低于10千克的婴幼儿。摇篮式

图3.9　目前国际通行的做法是将选择儿童安全座椅的标准分为三个阶段

的儿童安全座椅采用的是全包覆性设计，儿童完全处在安全座椅的保护之内。坚固的摇篮外壳能够为处在生理最脆弱阶段的宝宝们提供尽可能多的安全保护。后向式的安全座椅放置方式，则让儿童同碰撞几率最大的前部撞击冲击力的作用方向相反。经过统计，使用后向式儿童安全座椅发生伤亡的几率，要远低于使用前向式儿童安全座椅。

第二个阶段是选择全包覆型儿童安全座椅。适用年龄段在一周岁以上，三周岁以下，体重在10~20千克的幼儿。全包覆型儿童安全座椅适合那些已经可以独立坐在座位上的宝宝们，较为开阔的视野让他（她）们在旅

途中有更好的心情去观察窗外的世界。全包覆的设计在宝宝们手舞足蹈的时候依旧能够提供安全的保护。同时，全包覆型儿童安全座椅也可以选择后向式设计。

第三阶段是选择包覆型儿童安全座椅或坐垫。适用年龄段在三周岁至十周岁，体重15~36千克的儿童。包覆型儿童安全座椅（坐垫）相当于在普通座位上安装了一层包覆型座位。与前两个阶段最大不同，就是可以让儿童安全地使用车内配置的固定三点式安全带，而不是使用安全座椅内独立的安全带，垫高的座位让适用于成人的安全带对于儿童也是安全的。在为儿童提供安全保护的同时，让宝宝们在乘车时得到最大限度的自由空间。

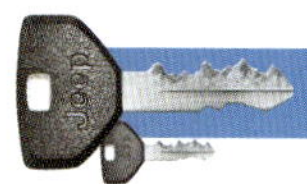

第9节 坐 垫

1.汽车坐垫的规格

从规格上看，汽车坐垫分为三件套、五件套、八件套三种，俗称三件、大三件、大五件。三件套指的是两个前排座椅的坐垫加上后面长排座椅的坐垫。五件套在三件套的基础上加上两个前排座椅的靠背，八件套在五件套的基础上加上后排座椅的靠背。当然件数越多，价格越贵。如果座椅本身是绒的或者布艺的，普通的三件套，经济又实惠。但如果座椅是真皮的，最好选用五件套或者八件套。因为真皮座椅的靠背在干冷的冬天容易老化变硬，而且也会感觉冰凉，很不舒服，这时就需要五件套或八件套的靠背把它们包裹住。一方面保护真皮座椅，另一方面让车主坐起来更加舒适。

图3.10 汽车坐垫有普通的绒垫、人造毛坐垫以及高档的羊毛坐垫

2.汽车坐垫的质地

从质地上看，汽车坐垫有普通的绒垫、人造毛坐垫以及高档的羊毛坐垫。普通绒垫档次较低，容易掉毛，而且冬天穿毛衣容易起静电。不过它几十元左右的低廉价格还是受到一些消费者的垂青。人造毛坐垫价格大部分车主都能接受，100元左右，适合普通家庭轿车使用。由于它的价格不贵，就可以随着每年款式的更新而随意更换。

3.高档汽车坐垫的分类

高档一些的羊毛坐垫又分平绒、高低绒和长毛绒三种。

这三种坐垫从外观上很容易区分。平绒也就是平时所说的羊剪绒，适合中高档汽车使用。其手感好，不易掉毛，毛茸茸、蓬松松的，一看就觉得有股暖意。而且大部分平绒坐垫上面都有温馨的图案，花色选择余地多，也比较适合家庭汽车使用，八件套的一套价格在1 500元左右。

高低绒坐垫中间是平绒，两边是长毛，因此得名。高低绒坐垫比平绒坐垫昂贵，适合那些车内空间较小、又追求豪华的车主使用。因为中间凹下去的平绒使得整个坐垫不那么臃肿，装饰后，车内空间也不那么狭窄。八件套的一套价格在1 900元左右。

长毛绒坐垫最为豪华、压重，宛如贵妇人穿的裘皮大衣。冬天最冷的时候，这种长毛绒最能派上用场，长长的绒毛，能给车主温暖如春的感觉。三件套的长毛绒价格在七八百元，八件套的价格在2 000元左右。

平时羊毛坐垫脏了，可以用一些万能泡沫喷涂局部，然后用毛巾一擦就干净了。春暖花开，收坐垫的时候一定要拿到专业的干洗店干洗。

4.夏季常用的汽车坐垫

(1)草垫竹垫

曾经一统天下的草垫并没有被淘汰，反而在竞争中推陈出新，显示出它独有的优势。草席工艺经过改良，在以往单一的席面上精编了许多精美的图案，有卡通动物、有山水景致，再加上价格便宜，清洗方便，易收藏携带，仍不失为不错的选择。作为草制品与竹制品，草垫与竹垫的使用寿命都最多两个夏天，采用水洗即可。

在选择时主要看加工工艺，连接竹块之间的尼龙线一定要结实、接头少。竹块表面和边缘位置要打磨得光滑，不能留有毛刺。而草垫因为选用的草品种和做工存在差异，价格也存在差距。

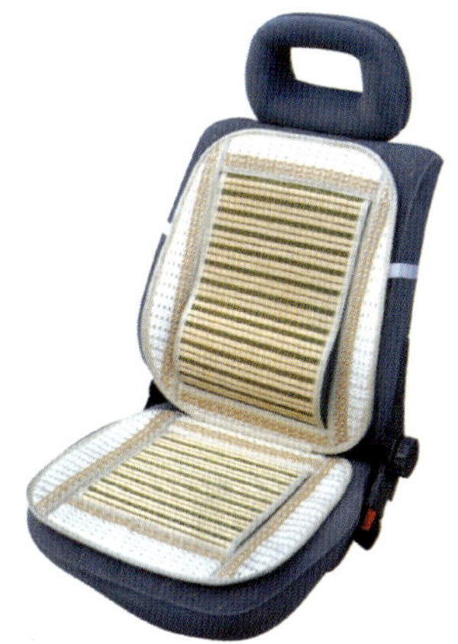

图3.11 草垫竹垫长盛不衰，并且推陈出新

推荐清洗剂：万能泡沫清洗剂，市面上的价位各不相同，车主可以通过砍价买到最适合自己座套坐垫的清洗剂。

市场参考价：草垫120~300元/套，竹垫30~60元/块。

(2)竹炭凉垫

竹炭经科学提炼加工后，已广泛应用于日常生活当中。竹炭汽车坐垫是最近开发上市的新型环保产品。竹炭凉垫由于具备了净化空气、抗菌消毒、吸汗除潮等特殊功效而得到了广泛关注。

竹炭坐垫的材料选用五年以上竹龄的毛竹，经高温热解炭化而成。竹炭具有多孔结构和超强的吸附能力，并能产生负离子及释放远红外线，从而净化空气、吸湿防霉、消除异味、抗菌驱虫、阻隔电磁波辐射；促进人体血液循环和新陈代谢，缓解疲劳。将加工成的竹炭制品放在车内能起到调节湿度、去除异味、清新空气等效果，对腰膝酸痛，痔疮等症状有辅助疗效。

保养方法：竹炭坐垫因为有吸湿性，所以不能水洗，必须放在阳光下曝晒。可以一个月晾晒一次，保持竹炭永恒功效。可以用温水擦洗凉席表面，保持竹席清洁、卫生，但不要用高温烘烤。

市场参考价：200~600元/套。

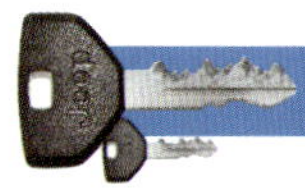

第10节　汽车音响

1.汽车音响改装原则

汽车音响改装，最核心的是音响器材之间的匹配，而不是一般人想象的越贵越好。一定要相信自己的耳朵，用耳朵来定价。不管别人说得再好，还是标注的参数再高，都要亲自试听后再决定。

(1)匹配

车主在决定改装音响前，首先要明确两个问题：我改装后的音响主要播放哪种类型的音乐？希望达到什么效果？只有确定了想要达到的目标，专业改装师才能够根据目标，设计音响改装的最佳方案。由于汽车音响改装专业性非常强，车主最好交给专业音响改装师完成

图3.12　汽车音响改装，最核心的要素是音响器材之间的匹配

改装。非专业店面在给车主改装音响时，只是进行简单的“拆下换上”，让车主花冤枉钱，有些甚至还不如原装音响。

(2)设备

受车厢空间限制，汽车音响对喇叭功率的要求并不高，车主不要盲目追求大功率喇叭。在播放器方面，建议使用CD播放器，或采用可播放MP3的播放器。喜欢看大片的车迷，不妨装一个DVD。虽然知名品牌音响设备之间的音质差别不大，但要切记检验防震效果，如果改装后震动过大，则说明改装存在问题。同时要注意，功放的功率也要大于喇叭的功率，如果功率偏小，容易烧坏。此外，条件允许的情况下最好加装低音功放和分音器，这样可以弥补被汽车噪声削弱的中低音以及提高车载音

响效果。

(3)调试

有些人以为新的音响设备装好后就万事大吉，其实这种想法大错特错。汽车音响作为商品，其实只是一种半成品，而真正完成改装，则必须依赖调试。一个专业的、负责任的改装商，会反复为客户调试，直到达到最佳效果。而且在运行一段时间后，需要重新进行一次调试，以确保音响效果达到最佳。

(4)价格

品牌音响之间的价差不大，但品牌与非品牌之间则差别较大。此外，改装费方面，正规品牌商家与杂牌商家之间的价差在10%左右。改装音响一定要找正规改装商，以免爱车遭受不必要的“皮肉之苦”。

2.汽车音响改装方案

目前市场上主流的经济型车内音响改进方法，主要集中在以下几种：更换CD主机、加装MP3播放器、更换MD机头、外挂MP3转换器、改进扬声器等，投资从几十元到几百元不等。

(1)改进CD主机

现在越来越多的汽车在出厂时就已配置了CD主机，但其性能参差不齐。如果爱车的扬声器效果还说得过去的话，可以考虑换装一套比较好的机头，如Alpine(阿尔派)CDE-9841，市场上的售价在930元左右。

优点：能彻底改变爱车的音响效果，机头的显示面板做工精细，目前在这个价位的机头能够有这样的音质也算上品了。

缺点：除了播放CD外，没有其他任何功能。

(2)加装MP3播放器

如果数数眼下最流行的音乐播放装备，那非小巧灵活的MP3播放器莫属了。由于具有体积小、容量大（一个256 M的MP3至少能容纳近百首高音质的歌曲），还可以按自己的习惯播放编辑歌曲。其实，要想让兜里的MP3走进汽车并不难，目前国内已经有许多汽车音响制造商推出了可以直接接驳MP3的汽车CD主机。只需到专业的

图3.13　目前经济型车内音响改进方法，主要是更换CD主机、加装MP3播放器、改进扬声器等

音响改装店去置换一套新型的音响装备就可以让爱车欣然接纳MP3了。

例如市面上有一种叫GoRun歌韵6110的机头，市场售价在950元上下，属于全能型的车载音乐播放器，能兼容U盘、MP3机、SD/MMC卡以及CD光盘、MP3格式的光盘，还支持iPOD的音乐格式。

优点：大幅提升了爱车的音响便利度。

缺点：功能多了音质自然差了不少，而且线路改装比较麻烦，需到有专业资质的音响店进行改装。

(3)更换MD机头

对于那些喜欢自己动手制造些动静的车主来说，没有什么比一套车载MD更适合他们了。MD是一种数码录音格式的光盘，享有高质的反复录音性，极大地满足了编制个人音乐等特殊用途。

优点：可将录制的音乐、会议、课堂记录等，及时在车内播放出来，还能编辑所有心爱的歌曲于一张MD碟并享受数码音质。

缺点：价格高昂，只适合少数发烧友。

(4)加装MP3转换器

对于既有MP3播放器，又已经安装好CD机头的消费者来说，要两者“通联”算是车主最大的愿望了。一种叫MP3的车内音响转换器（也叫接收器）的装备应运而生了。其工作原理是把MP3的音源转换成FM信号，然后再通过车内主机的收音机接收，虽不及MP3直播的音质好，但好歹不用再麻烦改装车内的线路了。

优点：投入小，仅需几十元钱就可以解决从MP3到车内音响的转换。

缺点：音质差，与听收音机的效果差不多。

(5)扬声器的改进

如果原车已有匹配不错的音响系统，车主大可不必再折腾电子设备了。如果只想有针对性地改进一下音质，那可以有选择地更换车内的部分扬声器，或加装功率放大器。不过这就需要到专业的音响店按车的不同量身搭配了。

如果车主是位流行音乐的爱好者，那一对6×9的低音喇叭是十分必要的，一般市面上音质说得过去的6×9英寸扬声器售价也就是500元/对左右。如果是偏爱摇滚乐的车主还可以再加装一个低音炮，300元钱左右就能搞定，改完的动静还挺大。

优点：投入低，见效明显。

缺点：毕竟没有经过系统的匹配，所以使用稳定性上会有顾虑。

3.汽车音响发烧改装

汽车音响初级的改装是将原车的主机换成CD、VCD、DVD、MP3等；现在市面上最流行的是调频+CD+MP3+U盘+存储卡的音响装置,具有很好的兼容性。

图3.14 真正的汽车音响发烧友，注重的是音质部分

换主机要注意产品品质及车主的个人喜好，以及正确的接线和处理线头的绝缘。如果要追求更高的音质，还可以对音响器材作如下升级。

(1)喇叭

原厂的喇叭由于成本原因，一般功率较小，面临强劲声压，大动态音乐时，往往会失真，影响音乐欣赏。为你的爱车挑选一套适合你音乐欣赏习惯与品位的高品质喇叭，是汽车改装的关键一步。车用喇叭存在不同的风格：美国Rockfofd(来福)单元，动态大、声压高、爽朗活跃，讲究气势力度，高频较亮，特别适合表现摇滚乐，气势澎湃的交响乐、流行乐等；美国Boston(波士顿)、德国MBQuart(歌德)则注重声音准确重放和极低的音染，中频细腻、平衡通透、富有音乐味，适合表达柔情的人声、弦乐等。

车用喇叭还分为：分频单元(套装喇叭)、同轴单元(全音喇叭)和低音喇叭。同轴单元的特点是成本低，较容易驱动，无论是声相定位，还是音色都不如人意，但是价格较便宜，为多数人接受。而分频单元则是将各音域单体分开设计和制造，再以分频器将各单体连接，使之在整个音域做到极低的音染和准确重放，故可以获得更好的声场及层次感。当然要想获得更好的低频，大口径单元仍为首选，你也可以选择一对好的低音炮。

(2)功放

挑选功放首先要考虑它的音色，最好选择中性的功放，其次是保证有足够大的功率。当然功放工作的稳定性和散热也是必须考虑的，建议选用“来福”、”阿尔派“、“JRL”等知名度较大的品牌。要想获得更加优美的声音就要涉及加装功放、低音炮等设备，而且还会涉及各款产品之间的搭配问题。

功率放大器简称“功放”。很多情况下主机的额定输出功率不能胜任带动整个音响系统的任务，这时就要在主机和播放设备之间加装功率放大器来补充所需的功率缺口。而功率放大器在整个音响系统当中起到了“组织、协调”的枢纽作用，在某种程度上主宰着整个系统能否提供良好的音质输出。

目前市场上车用功率放大器的种类很多，分类方法也比较复杂。最常见的是按照工作方式分为：A型、B型和AB型。A类是指放大器每隔一定时间收集一次主机传输过来的音频信号，并将其放大后传输给扬声器。而这一过程当中的“缓冲作用”保证了系统能够输出温和、平顺的声音信号，不足之处在于消耗的能量较大。B类功率放大器则是取消了前面所说的“缓冲作用”，放大器的工作一直处在适时状态，但是音质方面较前者就要差了一些。AB类放大器，实际上是A类和B类的结合，每个器件的导通时间在50%~100%，可以称得上是当前比较理想的功率放大器。

选购功率放大器的时候，首先要注意它的一些技术指标：

①输入阻抗　通常表示功率放大器的抗干扰能力的大小，一般会在5 000~15 000 Ω，数值越大代表抗干扰能力越强；

②失真度　指输出信号同输入信号相比的失真程度，数值越小质量越好，一般在0.05%以下；

③信噪比　是指输出信号当中音乐信号和噪声信号之间的比例，数值越大代表声音越干净。

另外，在选购功率放大器的时候还要明确自己的购买意愿。如果你希望加装低音炮，最好购买5声道的功放，通常2声道和4声道扬声器只能推动前后扬声器，而低音炮只能再另配功放，5声道功放就可以解决这个问题。功率放大器的输出功率也要尽量大于扬声器的额定功率。

(3)低音炮

低音炮的使用几率比较低，往往出现在那些喜欢金属味音乐的年轻人身边，是喜欢流行音乐和摇滚乐车主的必备之选。从原理上讲，低音炮和扬声器的工作方式是完全一样的，只是震膜的直径更大，一般在8~10英寸，并且增加了用于共振的音箱。

(4)合理搭配各款设备

体现音乐风格的主要设备是扬声器，而且相比先选定主机来说，选定扬声器后匹配功放等设备其灵活性更强。所以选购的第一步就是挑选适合自己的扬声器，而匹配的第一步就是扬声器和输入设备之间的问题。

与扬声器的匹配相关的输入设备有功放和主机。一般主机的技术铭牌上只标注产品的最大功率，而实际工作时只能提供这个数字的大约50%，很多时候是看铭牌就断定能够带动扬声器是错误的。如果选用功放带动扬声器，那么最好选择输出有效功率在50瓦以上的产品，因为一般扬声器的额定功率都在40~50瓦。

功放与主机汽车音响系统的搭配中最常见的问题发生在功放和主机之间。首先是信号输出问题，不是所有的主机都可以外接功放。要外接功放，主机至少要有1组前置输出，较好的主机会有3组以上。其次是主机的输出信号电压要在2伏以上，高保真主机可以达到4伏以上，这样才可以保证功放有良好的“原材料”进行加工。由于功放的能量源是独立于主机的，所以平时主机和功放之间功率的搭配一般不存在问题。

主机同汽车之间的搭配，首先要注意蓄电池是否能提供充足、稳定的电能。如果蓄电池在遇到“开起大灯”等情况时，电流有较大波动，就会影响主机的使用寿命。其次在选购主机的时候要尽量做到其面板风格、灯光等同车辆的内饰做到和谐统一、色调一致。再次加装CD主机，最好重新检查车辆线路，如果不能承受过大的电流，最好重新布线。

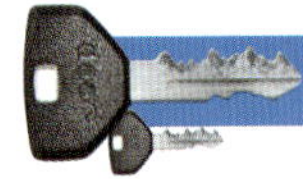

第11节　汽车防盗

1.机械式防盗器

这是市面上最简单、最廉价的一种，主要分为方向盘锁和排挡锁两大类，其原理是将转向盘和控制踏板或挡柄锁住。其优点是价格便宜，安装简便；缺点是防盗不彻底，每次拆装麻烦，不用时还要找地方放置。

机械式防盗器主要起到限制车辆操作的作用，对防盗方面能够提供的帮助有限，很难抵挡住铁撬、钢锯、大剪刀等重型工具的盗窃。但它们能拖延偷车贼作案的时间，一般偷车贼要用几十秒甚至几分钟才能撬开方向盘锁，变速杆锁的破坏时间还要更长一点。

2.电子式防盗器

这是时下最流行的防盗器，其普及程度恐怕是其他防盗器所不能比的。无论是发动机盖、行李舱或车门的开启，车辆被碰撞或升离地面，还是有人闯进车厢等状况发生时，警报器都会发出警报声引起车主及他人的注意，车主通过袖珍的遥控器可控制遥控系统。若将这种防盗器和断油断电装置相结合使用，防盗效果将会更好。

图3.15　汽车防盗锁

然而，随着这种防盗器普及之后，有些偷车贼已研究出对策。无论是简单跳码还是固定码，通过专门的解码器都能在几秒钟内对到码。而且，这种防盗器经常会有误报警的情形发生，产生扰民噪声，人们对此也习以为常，使其防盗效果大减。对付抢车和整车拖吊，这种防盗器也是无能为力，如果车主离爱车较远，被偷以后想追也难。

3.芯片式数码防盗器

芯片式数码防盗器是现在汽车防盗器发展的重点，大多数轿车均采用这种防盗方式作为原配防盗器。

芯片式数码防盗器基本原理是锁住汽车的马达、电路和油路，在没有芯片钥匙的情况下无法启动车辆。数字化的密码重码率极低，而且要用密码钥匙接触车上的密码锁才能开锁。

目前芯片式防盗器已经发展到第四代，具有特殊诊断功能，即已获授权者在读取钥匙保密信息时，能够得到该防盗系统的历史信息。系统中经授权的备用钥匙数目、时间印记以及其他背景信息，成为收发器安全特性的组成部分。

4.GPS防盗系统

这是目前最先进，也是相对最有效的防盗产品。其原理是在车上安装一个小型的GPS系统，通过无线通信网络和GPS监控中心连成一个整体，这种装置具有定位准、监控范围广(全国)、主动报警、反应快、找回率高的特点。

当车主离开车辆，车辆处于安全设防状态时，如果有人非法开启车门或发动车辆，车辆会自动报警。此时车主手机、车辆监控中心会同时收到报警电话。不劳车主费脑伤神，监控中心的值班人员会立即联系110报警，且车辆自动启动断油、断电程序。所以，即使小偷进了门，也会无功而返。如遇劫车，车主只要按下报警开关，车辆会向监控中心发出遇劫报警。如果报警开关被悍匪发现并遭到破坏时，车主更不要着急，遭破坏的系统能自动发出报警信号，监控中心便立即启动实时自动跟踪

图3.16　GPS汽车导航、防盗系统

系统，立刻将车辆的位置信息反馈给110，以便对车主进行及时营救。

GPS还具有通信功能。无论你安装哪个公司的GPS产品，都会有部免提电话，其实它就相当于一部车载电话。通话音质良好，车主可以不受交通管制自由的通话，有利于实现安全行车。

GPS的安装比较简单，但最好由专业厂家实施。

该装置的优点是被盗车辆的寻回率极高，便于跟踪、控制车辆。缺点是此装置需要一套庞大完善的跟踪系统、24小时的人工监控车辆，相对那些简单的防盗器价格要贵一些。

第4章
汽车性能升级

第1节　进气系统

发动机进气系统包括空气滤清器、进气歧管、进气门机构等。空气经空气滤清器过滤掉杂质后，流过空气流量计，经过进气道进入进气歧管，与喷油器喷出的汽油混合后形成比例适当的可燃混合气。通过进气门进入汽缸点火燃烧，产生动力。

1.容积效率与充气效率

发动机运转时，每一循环所能获得空气量的多少是决定发动机动力大小的基本因素。发动机的进气能力是用发动机的容积效率及充气效率来衡量的。

图4.1　发动机进气系统

(1)容积效率

容积效率是指每一个进气行程中，汽缸所吸入的空气在标准大气压力下所占的体积与汽缸活塞行程容积的比值。

由于空气进入汽缸时，汽缸内的压力比外面的大气压力低，而且压力值会有所变化，所以采用标准大气压状态下的体积作为共通的标准。由于进气阻力及汽缸内的高温作用，将吸入汽缸的空气体积换算成标准大气压下的状态时，一定小于汽缸的体积，因此自然吸气发动机的容积效率一定小于1。降低进气阻力、提高进气压力、降低进气温度、降低排气回压、加大进气门面积都可提高容积效率，而发动机在高转速运转时则会降低容积效率。

进气歧臂的长度对容积效率也有影响，因为进气歧管长度的变化引发了与容积效率有关的脉动及惯性效应。较长的进气歧管有利于提高发动机低转速时的容积效率，最大扭矩也会提高，但随着转速的提高，容积效率及扭矩都会急剧降低，不利于高速运转。较短的进气歧管则可提高发动机高转速时的容积效率，但会降低发动机的最大扭矩及其出现时机。因此，若要兼顾发动机高低转速的动力输出，维持在各转速下均有较高的容积效率，就要采用可变长度的进气歧管。

(2)充气效率

充气效率是指每一个进气行程所吸入的空气质量

与标准状态下（1个大气压、20 ℃、密度为1.187 kg/m³）占有汽缸活塞行程容积的干燥空气质量的比值。大气压力高、温度低、密度高时，发动机的充气效率也将随之提高。

2.进气系统的升级

进气系统的升级就是要提高发动机的容积效率与充气效率。

(1)换装空气滤清器

进气系统升级的最基础工作就是换用高效率、高流量的空气滤清器滤芯。换装高流量的空气滤芯可降低发动机的进气阻力，同时提高发动机的进气量及容积效率。同时，供油系统中的空气流量计测出进气量的增加后，将信号送至供油电脑ECU。ECU便会控制喷油器喷出较多的燃油与之配合，让较多的油气进入汽缸，从而提高了发动机的输出功率。若换了滤芯仍不能满足要求，可将整个空气滤清器总成换成滤芯外露式滤清器（俗称“冬菇头”），进一步降低进气阻力，增强发动机的肺活量。

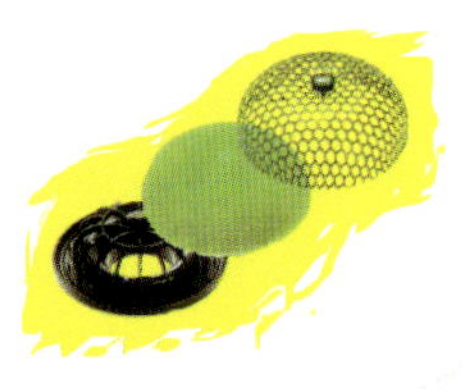

图4.2 滤芯外露式滤清器（俗称“冬菇头”）

(2)换装进气道

进气道的升级可分成形状及材质两方面。

改变进气道形状的目的是进行进气蓄压（以供急加速时节气门突然全开之需）及增加进气的流速，但这类产品通常有车型适应性限制，也就是说A型车所用的装在B型车上并不一定能发挥效果。

改变进气道材质是着眼于不吸热及重量轻。目前常用的材料是碳纤维，其不吸热的特性，能让进气的温度完全不受发动机室的高温影响。令进气密度提高，使单位体积内所含的氧气量得到增加而提高发动机功率，但缺点是价格较高。

进气道的升级常是形状及材质同时改变，并将进气口延伸至车外，直接指向前方，以便随着车速的提高使进气压力增加而提高进气量。

(3)直喷式进气歧管

赛车发动机所需的是高转速时的动力表现，可牺牲低转速时的动力输出，因此都将进气歧管尽量缩短并取消空气滤清器。充分消除进气阻力，以求得最佳的高速表现。传统的后方进气、前方排气的发动机，在换装立喷式进气歧管后，所面临的最大问题是如何由车外导入足够的新鲜空气。直喷式的进气歧管与经过空气动力学设计的碳纤维进气道是最佳的组合。尤其在将发动机降低后，利用发动机上方所空出的空间，安装一大型进气导管，开口与车头水箱护罩充分配合，让空气有效地送达后方的进气歧管。

(4)二次进气装置

目前市面上已有许多利用二次进气原理制成的产品，所谓“二次进气”，是因为除了原有从空气滤清器吸入的空气外，另外再利用进气歧管的真空压力差，从发动机的PCV（曲轴箱强制通风）管路外接入另一进气装置，导入适量的新鲜空气来提高容积效率。二次进气所能得到的动力提升主要在低转速段，因为在节气门全开，空气大量进入，真空度降低时，二次进气装置所能导入的空气量已变得微不足道了。

二次进气装置最重要的就是要维持“适量”的进气，目前市面上产品的差异在于控制导入空气的进气量的方法各不相同。若进气量太少，则效果不佳，太多则会

图4.3　斯巴鲁Impreza翼豹9代的发动机二次进气装置

降低真空度，影响制动的真空助力，使制动所需的脚踏力变大。

第2节 排气系统

1.排气系统的组成

排气系统，基本上都是由五大部分组成：

①与引擎缸盖排气口相连的部分叫排气歧管，俗称“芭蕉头”，作用是将流经缸盖排气口的废气收集后，令其可以畅顺排走。

图4.4 芭蕉段采用了等长设计，不但能减少气体相互推挤而增加流速，更能直接提升引擎反应

②涡轮增压的引擎中，涡轮增压废气端出口之后的那条叫FRONT PIPE，中文头段；自然吸气发动机引擎内除了起桥梁作用，使废气流入三元催化器外，还有就是可以令引擎与排气管实现软性连接。

③之后的就是起环保作用的“三元催化器”，可以起到减少废气排放的环保作用。

④再后就是中鼓(FRONT SILENCER)，如果是用在赛车上的话，应该说中鼓的作用并不大，甚至可以取消掉。然而如果是街车的改装，中鼓就能起到减少排气时的共鸣现象的作用。

⑤守尾关的叫排气鼓(REAR SILENCER)，俗称“死气喉”，也算是目前经常被改装的部分。

2.排气系统的改装

排气系统的改装，就是减少排气回压。回压就是因为排气管内部的压力，阻碍排气脉冲的力。减少回压其实就是使吸、排气的交替更加顺畅，也就延长了气门的重叠时间。

改装排气系统，应该先从中、尾段入手。改装中(鼓)至尾(鼓)，关键要看管形设计。而设计上有一种“短粗型”，也就是尽量减少管体长度，并加大管径，这种改法并不适合日常行车。因为回压低，中低转时废气流速慢，导致汽缸内混合气未燃烧完全就被排走，中低转时的扭力表现自然差。但到了高转，脉冲密集，高转下排气顺畅，马力增幅较大；另一种就是涡轮增压车用的头段(FRONT PIPE)，中至尾排气管“细长型”，改装上就只是更换管体材质，并没有改变原来的弯曲形状，甚至尾段轻微变细。这种改法的好处在于适合日常市区行驶，管内压力高，废气可以迅速排走，中低转扭力有增长，但高转下的马力就不敢恭维了。至于尾鼓，形式无非有两种，一种是反射式，大部分的原厂尾鼓都是这种形式，但问题是阻力大，动力流失严重；第二种叫直线式，原理非常简单，入口同出口基本上系同一直线，消音方式纯粹依靠吸音棉和削末，几乎所有的改装尾鼓都采用了直线式。

所以改中至尾之前，最好根据自己的日常需要和驾驶习惯，方才明智。

改完中至尾，应该就到三元催化器了。其作用就是可以减慢废气的流速，并形成阻力。但在国内改装催化器遇到的问题很多，例如使用假催化，性能不好，但价钱便宜。但如果换上真正的改装催化器，虽然性能比原装的会有大幅提高，价格非常昂贵，达万余元，甚至两万元是很平常的。

“芭蕉头”是最重要的排气系统改装部分，也是效果最明显的。原装“芭蕉头”的材质一般是铸铁，有部分车厂会选用不锈钢，如BMW。原装的排气蕉因为是大批量生产，所以可能内壁很粗糙，甚至连排气歧管的长度都未必一致，于是就出现了所谓排气干涉的现象。

图4.5　左右独立的前段以低阻抗三元触媒催化有害气体

改装用的“芭蕉头”，一般都是不锈钢材质，无非利用了其具有的优点：耐高温性能好；壁薄，所以整体重量轻；管的内壁不需要抛光打磨，本身已经比原厂的生铁制品光滑不少，有利于废气的运动；另外就是容易弯曲和切割，要达至等长的目的很容易。特别是在自然吸气发动机改涡轮增压发动机的场合，必然会使用不锈钢“芭蕉头”就是为了容易迁就位置。歧管长度的等长化，对于马力提高有正面的影响，理论上各缸的工作次序和时间是一样的；如果排气管长度不一，各缸的排气效率一定会有偏差，降低了效率。而且各条歧管之间亦存在着压力差，最终的结果必然就是排气脉冲混乱，马力与扭力输出就自然低下；而在TURBO引擎上，就是尽可能使废气侧涡轮扇叶受到定量、畅顺、持续的攻击，令涡轮工作的转速上限、效率、稳定性大幅提高，从而可以提高增压压力。

头段(FRONT PIPE)就是连接“芭蕉头”到三元催化器的那段排气管。自然吸气发动机车里这是较少改动的部分，原因是效果不明显。但是如果是涡轮增压发动机引擎的排气改装，基本上都会把头段换掉，为什么？这就是因为关系到另一个专有名词：二次排压。很简单，涡轮轮叶靠废气推动，该段的排气畅顺度直接影响涡轮的工作速度和极限，原理就有点像自然吸气发动机车里“芭蕉头”的作用。

改装“芭蕉头”，基本上可以较好地克服原装蕉的缺点，虽然改装用的“芭蕉头”有好多优点，但价格高昂，比如一条用在AUDI TT 1.8T的改装“芭蕉头”，价格高达16 000元。于是市场上就出现了一些廉价品，虽然有一点作用，但是不可以令其功效最大化。

市面上的排气系统，多数是指尾鼓，因为改装的人多，而且价格不会太贵，便宜的几百元一支。不过那些产品没有测试数据支持，实际使用效果很难评估。市场上买到的排气改装部件基本上可以分为几种：第一种是国内生产的，譬如在香港出名又搬到国内的某品牌就是其中的代表，价格不贵，头中尾段加起来都是数千元水平。质量一般但款式多，基本上国内可以买得到的车型都有对应的产品。

图4.6　排气管由芭蕉、头段、中段（三元催化）、尾段（消音器）组成

3.排气管改装问答

Q：排气管的材料

A：主要是304#钢、消音棉等。

Q：有没有其他材料？

A：可以用其他号的钢材，但304#从成本、生产、工艺上是最适合的。

Q：回压是怎么产生的？

A：回压就是排气管的通畅程度，也可称背压、反压，简言之，它就是排气管内部的阻力。与芭蕉头设计、中段管径粗细、总体长度、弯角、消音筒大小都有关联，同时直接反映在排气效率上。

Q：回压管是什么意思？

A：为了保持一定的低扭，在尾段加一个贮压管，这样，废气就不会全部排出，经过贮压管，形成一定的回压。

Q：低音管是什么？

A：在消声器里采用一种不同的结构，加上高质量的消音棉，可以让排气管的声音更小点，但并不会对排气有太大的影响。

Q：排气管由哪些部分组成的？

A：芭蕉、头段、中段（三元催化）、尾段（消音器）

Q：等长芭蕉是什么意思？

A：就是从排气口出来的距离相同，有些芭蕉为了等长，特意做成弯曲状。一般很难做到百分百等长。

Q：等长有什么好处？

A：减少各缸的干涉，增加排气的平顺性，特别是涡轮增压引擎。

Q：等长有什么坏处没有？

A：等长容易造成机舱安装空间不够，同时，有些等长弯曲歧管反倒造成排气不顺。

Q：为什么要打磨排气管内壁？

A：为了减少排气的阻力，增加排气顺畅。

第3节 供油系统

1.供油系统工作原理

供油系统分为化油器和燃油喷射系统。但引擎供

油系统一般是指燃油喷射系统。喷油系统是由燃油输送系统、感应器系统、电脑控制系统所组成。它的工作原理简单来说就是利用汽油泵将汽油加压以后，从油箱送进高压油路，经过压力调整器的调节作用，使系统中的供油压力维持在2.0~2.5，也就是将送到喷油嘴的汽油压力保持在2.0~2.5。同时由各感应器将引擎的进气量及运转状态以电压讯号的形式传送到供油电脑(ECU：Electronic Control Unit)，ECU根据这些电压讯号加以分析，算出所需的喷油量，也就是算出喷油嘴的喷油时间，然后再将喷油讯号传送到喷油嘴的线圈。喷油嘴接受喷油讯号后，将喷油阀打开，汽油便喷到进汽门前方的进气歧管内，再随着进气门的打开进入汽缸内。

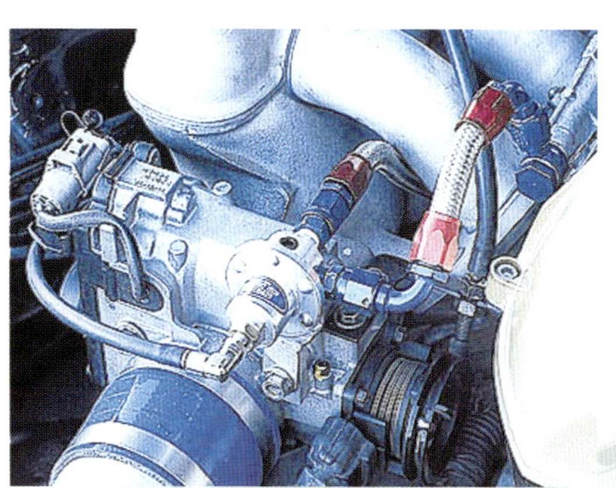

图4.7　发动机的供油系统是由燃油输送系统、感应器系统、电脑控制系统所组成

2.供油系统的改装

引擎的最佳空燃比为14.7∶1，但若在高转速、高负荷时若想要求得较高的引擎出力，通常要将空燃比提高到12∶1~13∶1。供油系统的改装就是要在适当的时候适量地提高供油量，让空燃比适度变大，适时与适量也是判断供油系统的优劣。喷射供油系统的改装可分为改硬件和改软件两大类。改硬件的目的是要提高单位时间的供油量。改软件主要是改变它的供油程序，由于原车的供油程序是考虑了废气控制、油耗经济性、运转稳定性、引擎材料耐用性所得的设定，所以在马力的输出表现上，往往无法达到注重性能的使用者的需求。例如大家最殷切需求的高转速、高负荷时的表现，往往呈现供油量不足的窘况，这时就有赖改装软件来达成。

1)调压阀

在多点喷射油路系统中的压力调整器，它负责对喷油嘴提供一固定的压力，压力越大，相同的喷射时间喷出的汽油量越多。调压阀是装置在压力调整器之后的回油管，经由调整可将喷油嘴的喷油压力提高（一般约可提高20%），进而达到不变动供油模式的情况下增加喷油量（可增加5%~10%）。加装调压阀可说是供油系统的改装中花费最少的，其安装也相当容易，只不过在调整压力时，需借助汽油压力表才能测量调出的压力。事实上，对换排气管、改进气装置等，这类小幅改装的车，通常用加装调压阀来弥补其高转速时喷油量的不足，效

图4.8 喷油嘴的大小决定了单位时间的喷油量

果不错而且经济。在此要告诉大家一个小常识，若你的车在静止起步时油门踩下的瞬间出现短暂的爆震现象，装上调压阀也许就可改善。

2)喷油嘴

喷油嘴的大小决定了单位时间的喷油量，改用口径较大的喷油嘴是提高喷油量最直接的方法，要换到多大则需视引擎的改装程度而定。改喷油嘴最大的困难是可相容喷油嘴的取得，通常同车系或同系列引擎的喷油嘴才可相容，最常见的就是CIVIC可换用ACCORD的喷油嘴，可增加约25%的喷油量。改调喷油嘴所获得喷油量的增加是全面性的，也就是从低转速到高转速喷油量都会增加，这可能会造成中、低转速时的供油过浓，导致耗油量增加和运转不顺。

通常"动过大手术"的引擎才会需要大幅的增加供油量，一般车主所需要的通常是高转速和重负荷时适度地增加喷油量，这就有赖软件的改装才能达成。但有时引擎大幅改装后，高转速时所需的喷油时间可能比引擎运转一个行程的进气时间还长，造成喷油嘴持续的喷油都无法提供足够的油量，这时加大喷油嘴已是必然的选择。

3)供油电脑芯片

车厂在设计一具引擎时便已将原先设定好的供油程序录在ROM上，这个程序通常是油耗、污染、运转平顺度等条件均衡下的产物，而且是不可变动的。就因为不可变动，所以若想改变供油程序就必须换用另一种模式的ROM。通常专业改装厂都会供应车型的改装用电脑芯片，改装时要先把原电脑的芯片取下（通常原厂供油电脑的ROM都直接焊在电路板上），焊上一个IC座（如此一来可方便日后再更换），再插上改装用的芯片。如此所得的供油程序仍是固定的，它只是对原车的程序做修正，其中很重要的一项是可将补偿喷射程序中的断油控制时间延后甚至取消。要注意的是：一种改装用芯片都有它设定的适用条件（也就是改装的程度），改装时必须选用和你的爱车改装状况相近的芯片，才能得到最佳的效果，否则可能适得其反。芯片的选用唯有寻求经验丰富的改装厂咨询。

4)可变程序供油电脑

这是供油系统改装中最贵也最有效的一项，就是HALTEC电脑。经由这个电脑，车主可依照爱车引擎的改

图4.9 供油电脑改装是供油系统改装中最贵也最有效的一项

装程度，配合空燃比计的测量，设定出最佳的供油程序，也就是前文所提的基本喷射程序，以及各个补偿喷射程序都可利用外接手提电脑任意更改。它与改芯片最大的不同，也是它最大的优点是日后引擎再作变动、改装时，若出现原有供油程序不合用情况，可经由程序的修正立刻获得解决。改装可变程序电脑后，原车的供油电脑便废弃不用，但较高等级的电脑能将原车的所有感应器功能悉数保留。也就是说各种供油补偿程序都可正常运作，也可更改，不因获得高性能而将运转顺畅度与实用性牺牲。改装可变程序供油电脑的最大困难并不在于安装，而是供油程序的设定与最佳化修正。这往往需要借助经验和仪器，经由不断的测试才能完成。

第4节　点火系统

1.点火系统的作用

点火系统在引擎运转时所扮演的角色是在任何引擎转速及不同的引擎负荷下，均能在适当的时机提供足够的电压。使火花塞能产生足以点燃汽缸内混合气的火花，让引擎得到最佳的燃烧效率。点火系统的基本装置包含了电源（电瓶）、点火触发装置、点火正时控制装置、高压产生器（高压线圈）、高压电分配装置（分电盘）、高压导线及火花塞。现代的点火提前装置则已改由引擎管理电脑所控制，电脑收集引擎转速、进气歧管压力或空气流量、节气门位置、电瓶电压、水温、爆震等讯号，算出最佳点火正时提前角度，再发出点火讯号，达到控制点火正时的目的。

2.点火系统的改装

在点火系统的改装之前，必须先了解车的点火系统是否仍维持原设计的性能，确认之后再谈改装的需求。火花塞是否定期更换？火花塞的寿命约为10 000千米。冷热值是否正确？这可由拆下的火花塞电极状况判断，太冷的（散热能力太好的）电极会出现黑色积炭，太热的电极则会呈现白色、电极熔蚀、陶瓷裂开等状态。高压导

图4.10　点火系统装置包含了电瓶、点火触发装置、点火正时控制装置、高压线圈、分电盘、高压导线及火花塞

线是否破损漏电？电瓶的电压是否充足？（装了高功率的音响扩大机后，是否配合换用安培数较大的电瓶？）点火正时是否作了正确的调整？点火系统的改装是为了弥补原有点火系统之不足，改装的目标在于缩短充磁所需时间，提高二次电压，降低跳火电压，增长火花时期，减少传输损耗。其方法可由以下几个方向着手：

1)高压线

高压导线顾名思义就是肩负着传输由高压线圈所发出的高压电流到火花塞的任务。一组优良的高压导线必须具备最少的电流损耗及避免高压电传输过程产生的电磁干扰。一般车上的高压导线由于包覆材质所限，因此设计成约有5 k的电阻值，以防止电磁干扰，但这电阻值却会降低导线的传输效率，造成电流的损耗。若将导线包覆的材料改为矽树脂，则干扰的问题可获得解决，电阻值也可大幅降低，高压电流因传输而造成的损耗也可降低，这也就是改用矽导线的目的。改用矽导线绝不可能让你的点火系统脱胎换骨，但能起到强化体质之效，也可为后续的点火系统改装铺路。

2)高压线圈

前面所提的两项不过是点火系统的强化工作，尚称不上改装，点火系统的改装应从高压线圈开始算起。点火用的高压电流是由高压线圈所产生，改用线圈材质较佳或一、二次线圈圈数比值比较高的高压线圈，均能产生较高的高压电流，并且能承受较高的电流输出负荷。点火电压的提高对火花时期的延长有直接、正面的影响。目前有许多种都将分电盘和高压线圈设计在一起，若要改装高压线圈则必须将原有高压线圈的线路外接，另外装一组改装用部品。

3)电容放电系统

电容放电点火系统就是利用每次的点火间隔，将点火能量储存于电容器的电场中，点火时再一次释放，因此比起传统的点火系统能产生更大的点火能量。CDI的产品中知名度较高的有ULTRA、MSD，其中特殊的要算是MSD(Multi Spark Discharge)，意思是：多重火花放电。它在一次点火放电的过程中可产生多次连续的高压放电，具有极高的点火能量（可达一般点火系统的十倍）。如此高的点火能量可大幅延长火花时期，也由于点火能量（电流）的大幅增加，因此必须配合将火星赛的电极间隙适度地加大，让点火能量（电流）能在一次的点火时期正好消耗完。否则未能消耗的能量可能会寻找其他的方式消耗，其中可能的是在点火系统的其他电路中取一最短的路径，如此一来点火系统将有烧毁之虞，不可不慎。

4)其他系统的配合

点火系统改装后可能面临的是供油量不足的问题。尤其在高转速，若不能解决则可能导致引擎过热的问题。因此供油系统必须视点火系统改装的程度，适度地提高供油量。以MSD的改装为例，其附属配件就是一个调压阀，以不变动供油系统其他组件的情况下增加供油量。任何改装的成败及优劣，决定在改装后与其他系统的配合程度，单方面的加强某一部分，只会加速其他部分的损耗。成功的改装是在促成各机件均衡协调地运作，不但要高效率，更要高度平衡。

第5节　涡轮增压器

在目前的技术条件下，涡轮增压器是唯一能使发动机在工作效率不变的情况下增加输出功率的机械装置。

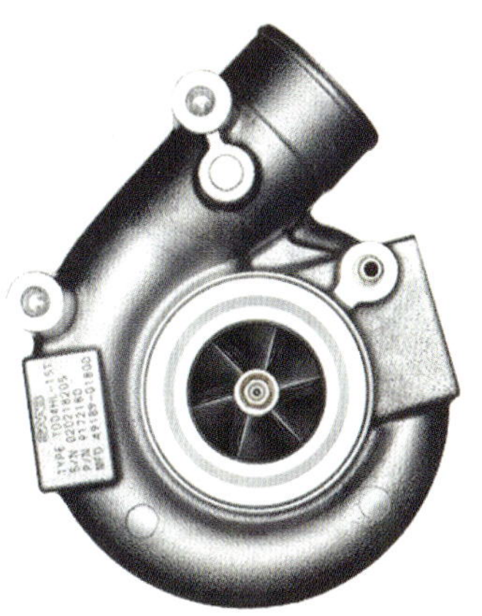

图4.11　涡轮增压器实际上是一种空气压缩机，通过压缩空气来增加进气量

1.涡轮增压器的构造和工作原理

涡轮增压器是由涡轮室和增压器组成的机器，涡轮室进气口与排气歧管相连，排气口接在排气管上；增压器进气口与空气滤清器管道相连，排气口接在进气歧管上。涡轮和叶轮分别装在涡轮室和增压器内，二者同轴刚性连接。

涡轮增压器实际上是一种空气压缩机，通过压缩空气来增加进气量。它是利用发动机排出的废气惯性冲力来推动涡轮室内的涡轮，涡轮又带动同轴的叶轮，叶轮压缩由空气滤清器管道送来的空气，使之增压进入汽缸。当发动机转速提高，废气排出速度与涡轮转速也同步提高，叶轮就压缩更多的空气进入汽缸。空气的压力和密度增大可以燃烧更多的燃料，相应增加燃料量和调整一下发动机的转速，就可以增加发动机的输出功率了。

涡轮增压器虽然有协助发动机增力的作用，但也有它的缺点，其中最明显的是"滞后响应"。即由于叶轮的惯性作用对油门骤时变化反应迟缓，即使经过改良后的反应时间也要1.7秒，使发动机延迟增加或减少输出功率。这对于要突然加速或超车的汽车而言，瞬间会有点提不起劲的感觉。

2.涡轮增压器的升级

目前国内的升级多采用欧美的涡轮增压套件。除主要升级件涡轮增压器外，外围配件还包括中间冷却器、汽油压力调节阀、进气卸压法、供油电脑及控制面板等。所有的改装工作均围绕这些部件进行。

①在排气歧管上安装涡轮增压器。涡轮增压的核心部件是涡轮增压器，它的作用是利用发动机排出的废气带动涡轮高速旋转，给来自空气滤清器的空气增压，以提高发动机的进气量。

②安装进气泄压阀。进气泄压阀安装在增压器上，当不需要增压时，一部分排气会通过泄压阀泄出而不进入涡轮增压器。当发动机转速达到1 700转/分钟时，就会自动关闭泄压阀让排气流指向涡轮一侧，使涡轮转动。

③安装中间冷却器。中冷器可以安装在发动机水箱的前面、旁边或者另外安装在一个独立的位置上。它的波形铝制散热片和管道与发动机水箱结构相似，可将增压后的空气冷却下来，从而提高增压效果。

④在供油管路上安装汽油压力调节阀。其作用是提高供油管道的喷油压力，以提高喷油量。

⑤安装供油电脑及控制面板。供油电脑已根据加装增压器后的实际用油量，重新改写了发动机喷油量控制程序，与汽油压力调节阀一起增加供油量。

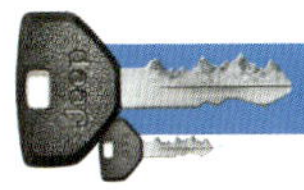

第6节 制动系统

制动系统是关系到行车安全最直接的部分，一辆车不光要跑得快，更要停得住。但是随着车辆动力性能的不断升级以及车主本身技术的提高，原厂的制动系统会越来越不堪重负。现在市场上销售的新车基本都会采用前后盘式的制动，但是一部分老车型仍旧会采用前盘后鼓的设计。鼓式制动由于本身设计上的缺陷，会产生制动距离长、制动响应慢、散热不良、热衰减快等问题，所以已经逐渐被盘式制动所代替。对于还在采用鼓式制动的车型，最好将鼓式改装为盘式，这样可以将制动系统的功效提高很多。

图4.12 盘式制动器由制动盘和制动钳组成

对于制动的改装，最简单又省钱的方式就是换装摩擦系数高的制动蹄片(来令片)或者是打孔画线的碟盘。如果要进一步提高制动性能，可以换装加大尺寸的制动盘，同时配合金属制动油管。以上的这些改装方式，只要使用质量过硬的产品，都是非常安全有效的。至于顶级的制动改装方案，则是对全套的制动组件进行升级，除了包括刚才提到的项目以外，还要进行四活塞、六活塞甚至是八活塞的制动卡钳升级。

1.制动盘

制动的原理是依靠制动蹄片和制动盘的摩擦力来使车辆减速或停止的，要解决制动的问题，应该先从制动蹄片和制动盘着手。

换用高性能的来令片是提高制动力最直接、有效、简单的方法。目前高性能的来令片大多采用碳纤维和金属材质为主要原料，并强调不含石棉的环保配方。

制动盘的材质也同来令片一样重要，一般都会采用铸铁、不锈钢、碳纤维或是陶瓷材料。如果耐高温能力太低，在激烈的操控中(制动频繁工作)所产生的高温会导致碟盘产生退火的现象，从而使得碟盘的表面变软并脆化，轻则产生碟盘的抖动，重则将会导致碟盘出现裂痕，危害行车的安全性。改装制动盘，基本会对以下三个方向进行升级：

1)加大盘面尺寸

随着制动盘直径的增大，制动盘的表面积也随之增大，表面积越大产生的摩擦力也就越大，并且随着力矩增加，产生的制动力也相应增大。

2)盘面画线

画线除了排热气之外，主要是为了不让来令片产生的粉末累积在制动盘的表面，造成打滑和制动盘的不正常磨损。

3)盘片打孔

打孔有两个直接作用，一个是加强制动盘的通风效果，促进冷却；另一个是减轻制动盘的重量，达到轻量化的目的。

画线和打孔对制动都没有直接的帮助，它们的作用主要是提升制动系统在极限状态的功能。另外，要注意制动盘的平衡性，如果使用自行加工或者非正式的制造厂家生产的制动盘，由于没用专用的仪器来测量制动盘的平衡性，这样的制动盘在装车后会造成盘面和来令片的磨损，使用寿命很短，制动反而比原来还弱。同时为了对应不同尺寸的轮辋，制动盘的选用也是有要求的。一般的规则是：15英寸的轮辋对应直径285毫米的碟盘，16英寸的对应305毫米的碟盘，17英寸的对应335毫米的碟盘，18英寸的对应355毫米的碟盘。

2.卡钳

很多人将制动卡钳(尤其是多活塞的制动卡钳)称为“鲍鱼”，因为多活塞卡钳以往多半被用在超级跑车或者赛车上，其价值可见一斑。尤其是国外的知名品牌，比如AP，Brembo，Alcon等，更是价格不菲，堪称制动改装的顶级配备。

卡钳有好几种，不同的卡钳工作方式也有区别。大体上有三种：浮动钳夹、浮动叉、对置活塞。结构最简单的是浮动钳夹。

要了解卡钳的工作原理，首先得知道液压传递的工作原理。汽车脚刹是靠液压传力的，可以简单理解为在制动踏板处有一个液压缸和直径较小的活塞，就像医院打针的注射器一样，靠活塞推动液压油，使液压油产生一定的压力，再通过制动真空泵，使压力增大。这时管内的液压油压力很高，通过输液管将液压传递到钳夹的液

图4.13 卡钳分为浮动钳夹、浮动叉、对置活塞3种

压缸，液压油在液压缸有限的空间内推动直径较大的活塞向前行进。根据帕斯卡原理，此时制动力再次增大。活塞再推动制动蹄片与制动盘产生摩擦，达到制动的目的，这就是整套制动液压部分的工作原理。浮动钳夹式这一形式的钳夹最为常用，而且构造最简单。液压油处于活塞和钳夹之间，液压油作用于活塞向前行进时，在反作用力的作用下，同时推动钳夹向活塞运动相反的方向行进。这样，两个方向相反的制动力正好作用在制动盘两边，夹住制动盘，从而达到制动的目的。这种钳夹由于只有一个活塞，所以构造简单、成本低，但制动力度很有限，多用于小排量车或后轮制动。

在选购和安装制动卡钳的时候，要特别注意以下几点：

①一定要选择品牌过硬的产品。产品的品牌往往是质量保证的前提，不要为了图便宜，使用不知名的品牌，或者翻新及原厂改制的卡钳，让自己和他人的生命处于危险的境地。

②卡钳上都有泄气孔，换装时除了必须将内部的空气泄出外，也必须注意泄气孔的位置是否正确。如果是具有双泄气孔设计的卡钳，则必须先泄出靠近油管一侧的空气，之后再泄出另一侧的空气。

③当卡钳安装完成后，需注意碟盘外缘与卡钳里侧的弧形部位是否保持有2毫米左右的距离。如果间距不足或者过大，都会影响到制动性能。

3.制动油

制动油本身必须要有良好的流动性，才能迅速地传递压力，而制动油的选用要领主要在其沸点的高低。沸点越高的制动油，其等级也相应升高。为何同一规格会有干、湿沸点之分呢？因为制动油极易吸收空气中的水分，还没有开封使用过的制动油处于干沸点，其耐温能力较高；一旦使用之后，水分渗入制动油中，成为低沸点的湿沸点工作状态。所以制动油的沸点测试非常重要，平均4万千米就应该更换一次。若是未达到这个里程，则每年都应该更换一次制动油，以确保其品质。

4.油管

负责传递制动液压的油管也是改进制动系统的重点所在。制动总泵的作用力要到达各个制动分泵，必须利用制动油作为媒介，通过车身的管路将压力分送到前后左右4个分泵上。从制动总泵到车底的部分通常是以铜管制成，这方面没问题。但为了配合轮胎与悬挂伸展的活动空间，在制动卡钳的前部，原厂都会使用橡胶包覆的铁弗龙管来连接。橡胶本身是有弹性的，承受制动系统的液压力会产生变形，造成管径的变化，降低了制动油液压的传递效果，使制动分泵无法产生稳定的制动力。这样的情况会随着使用年限及制动系统剧烈的操作而加剧变形的程度，而且橡胶用久了之后会有疲劳现象，原本应该传到卡钳分泵的压力会因为管路的弹性膨胀而损失，实际传到来令片上的压力就会变小，而采用金属油管则可解决这个问题。其实这里所说的金属油管并不是完全的金属，而是原本用在飞机的液压系统上、可承受高压、高温的，内为铁弗龙材质，外层包覆金属蛇皮管的管路。这种管路提供了优良的液压传递效果，使由制动总泵传来的液压能完全用来推动分泵的活塞，提供稳定的制动力。此外，金属材质也有不易破损的特性，可大幅减少油管破损造成制动失灵的几率。

制动系统的改装与升级一定要到正规的专业改装店，因为制动是关系生命安全的重要设备，丝毫不能马虎大意。

第7节　铝合金轮毂

1.铝合金轮毂的优点

(1)省油

平均每个铝合金轮毂比相同尺寸的钢轮毂轻2千克，一台轿车用5个便省了10千克重量。根据日本实验，5座的轿车重量每减轻1千克，一年约节省20升汽油。而美国汽车工程师学会发表的研究报告指出，铝合金轮毂虽然比一般钢轮毂贵，但每辆汽车跑到20 000千米时，其所节省的燃料费便足以抵回成本。

(2)增加发动机寿命

根据发动机负荷与功率曲线图，当负荷增大至某一程度后，其功率反而降低。发动机负荷减轻，自然减少故障，延长寿命。

(3)散热好

铝合金的热传导系数为钢的3倍。散热效果好，长途高速行驶之时，也能使轮胎保持在适当的温度，使刹车鼓及轮胎不易老化，增加寿命，降低爆胎的机会。

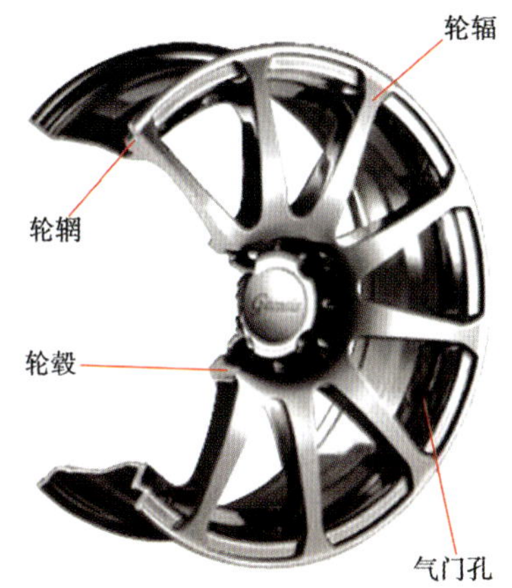

图4.14 铝合金轮毂的结构

(4)真圆度好

铝合金轮毂精度高达0.05毫米，运转平衡性能佳，有利于消除一般车身超长及方向盘抖动现象。

(5)坚固耐用

铝合金轮毂之耐冲击力、抗张力及热力等各项强度较钢轮毂要高。这也是铝合金在国防工业、航空工业扮演重要角色的原因之一。

(6)美观

一般钢轮毂因生产所限，形式单调呆板，缺乏变化；铝合金轮毂则有各式各样的设计，加上光泽、颜色效果好，从而提高了汽车的价值与美感。

图4.15　更换铝轮毂时最好是选用优质产品或是国际知名品牌，以保证行车安全

2.铝合金轮毂升级的注意事项

(1)轮毂偏距(offest值)

此值为轮毂横剖面中心至螺丝孔固定基准的数倍，对一般房车而言为正，对少数车辆和一些吉普车而言为负。比方说一辆车的offest值为40，若是换上了45的铝轮毂，就会比原厂的钢轮毂更缩入轮拱内，此项设计与车辆转向特性、车轮定位角度都有关系。原厂的设定值通常经过最佳化设计，差距过大的offest值可能导致轮胎不正常磨耗，轴承易磨损，甚至高速爆胎失控等副作用，不可不慎。

(2)PCD值与孔位

孔位指的是轮毂固定时锁入螺帽的数目字，一般为4孔或5孔。PCD值则是将这些孔位相连形成的圆的直径，所以有些轮毂上可能钻了8个洞，就是为了适应两种不同的PCD值准备的。

(3)轮毂的大小

为了改善汽车性能而加大轮毂是当前的热门升级，在轮胎外径不变的情况下，加大轮毂配合宽而扁的轮胎，就能有效减少汽车的横向摆动，稳定性得到提高，过弯时有如蜻蜓点水，轻盈掠过。但应注意，车胎越扁，其厚度越薄，减振性能越差，舒适性方面就要做出较大牺牲。一般来讲，根据原车轮毂大小加大一两号最为合适。

(4)轮毂的形状

结构复杂、密集的轮毂的确很美观，显得有档次，但洗起来太麻烦，简约的轮毂反而动感十足，干净利落。此外，更换铝轮毂时应确定品质是否可靠，最好是认证产品或是国际知名品牌，以免因铝轮毂品质不佳而威胁到行车安全。

第8节 轮 胎

1.轮胎升级的优缺点

轮胎升级的优点：

①操控稳定性增强。在外径相同的情况下，加大轮

图4.16 升级轮胎可以增强操控稳定性、转弯能力、加速与制动效率等

胎内径，轮胎刚性提高。胎面加宽，接地面积增加，行驶更加稳定。转向盘路感增加，抓地力增加，加强对路面的全面掌控感，提高了中高速的操控稳定性。

②转弯能力增加。轮胎胎壁刚性提高，转弯支持力增加，因此过弯时轮胎的变形度将会变小，车辆的循迹性会因此提升，在紧急事故的应变上也更显从容。

③加速与制动效率提升。提高胎壁刚性，加速和制动时轮胎的变形小，可以更快地传送动力及制动力。同时由于胶料的不同，高性能轮胎有更好的抓地力。制动距离及加速时间因而缩短，提供更快反应的驾驶体验。

④安全性能提升。有了优异的操控稳定性和过弯能力，刹车加速反应更加灵敏，轮胎升级让车主有更高的安全保障；同时选用铝合金轮辋，散热性能增强，可以让轮胎在长时间高速行驶后保持相当温度，降低爆胎几率。

⑤外观更动感、更时尚。低扁平比的轮胎和式样新颖颜色各异的铝合金轮辋会使爱车看起来极富激情、动感十足、彰显个性。

轮胎升级除了上述的优点外，还会带来一些弊端：

①油耗。由于轮胎升级增加了接地面积，因此会略微增加油耗，但更好的胎壁刚性会降低轮胎变形造成的能量损失。

②噪声。升级后的轮胎一般有比较大的胎面花纹并加宽了胎面，这样会增加一些噪声。不过，如果你选择高性能的品牌，比如米其林、固特异及邓禄普等，将有助于改善轮胎的噪声。

③舒适性。由于胎壁刚性增加，会降低乘坐的舒适性。但改装就是为了给转向盘更加敏锐的反馈。因此，如果非常在意舒适性，建议你可以不升级轮胎。

2.如何进行轮胎的升级和改装

目前市场流行的轮胎升级方式有两种：一种是选择与原配轮胎规格相同，但等级较高，性能较好的品牌的轮胎（即品质的升级），比如米其林、固特异及邓禄普等品牌。另外一种是轮胎尺寸的升级（即规格的升级），简单地说就是将轮胎胎面加宽，或轮胎内径加大，或两者同时进行。

第二种升级方法，最主要的原则是要在轮胎的外径几乎不变的情况下，扩大轮胎内径或加宽轮胎胎面。在升级时应做到升级之后的轮胎的直径（外径）与原先轮胎的直径（外径）数据之差必须控制在3%之内。

以规格为185/60 R14的轮胎为例。轮辋直径：14英寸(355.6毫米)。胎侧高度：185×0.6=111毫米。因为轮辋上下各有一个胎侧高度，所以胎侧总高度为111×2=222毫米。轮胎直径：355.6+222=577.6毫米。

如果想更换成规格为195/50 R15的轮胎，是否可以呢？轮辋直径：15英寸（381毫米）。胎侧高度：195×0.5=97.5毫米。因为轮辋上下各有一个胎侧高度，所以胎侧总高度为97.5×2=195毫米。轮胎直径：381+195=576毫米。规格为185/60 R14的轮胎与规格为195/50R15的轮胎相比，直径差：577.6−576=1.6毫米，直径差比：1.6/577.6=0.27%，在3%的允许范围之内，因此可以使用。

3.轮胎的升级和改装过程中应该注意的问题

要明确自己的爱车是不是需要轮胎的升级和改装。车辆的动力输出是需要考虑的重要因素之一。如果没有足够充沛的发动机动力供给，却一味地将轮胎规格加大是毫无意义的。

在更换完新的升级轮胎后，一定要对其做动平衡。

在更换完新的升级轮胎后，车主可以自己上路感受舒适性、噪声、操控性和安全性能的改变。但最好不要立即就将车开到高速公路上行驶，一定要先适应新轮胎的各种性能。

如果轮胎直径变化较大就有可能干扰车辆上的电脑系统。因此，尽可能选用与规定的原直径相近的轮胎，可以保证你的车载电脑系统功能正常，从而高效地控制诸如防抱死制动系统、牵引力控制系统、燃料管理系统、电子控制自动变速器和电子操纵稳定系统等。改变轮胎直径会向电脑输送错误的信息。这些系统本身不会因此而出现故障，但是会在很大程度上受到影响。

图4.17　在升级轮胎后，车主一定要先适应新轮胎的各种性能，才能将车开到高速公路上行驶

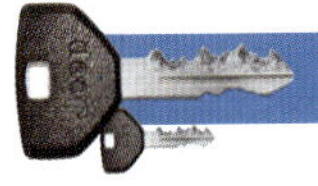

参考文献

[1] 曾壮，黄河.不懂这些你别玩车[M].广东：广东科技出版社，2004.

[2] 邵恩坡，卢克久.怎样与爱车沟通[M].北京：机械工业出版社，2005.